리더가 된다는 것

Discover

リーダーになる前に知っておきたかったこと (小林 慎和)
LEADER NI NARUMAENI SHITTE OKITAKATTA KOTO

누구나 사장이 될 수 있지만
아무나 리더가 되진 못한다

고바야시 노리타카 지음
박찬 옮김

리더가 된다는 것

처음북스

리더가 된다는 것

초판 1쇄 발행 2020년 12월 14일

지은이·고바야시 노리타카
옮긴이·박찬
발행인·안유석
편집장·박경화
책임편집·채지혜
디자인·정운, 김남미
펴낸곳·처음북스   출판등록·2011년 1월 12일 제2011-000009호
주소·서울특별시 강남구 강남대로 364 미왕빌딩 14층
전화·070-7018-8812   팩스·02-6280-3032
이메일·cheombooks@cheom.net
홈페이지·www.cheombooks.net
페이스북·www.facebook.com/cheombooks
ISBN·979-11-7022-214-9 03320

머리말

리더란 어떤 사람인가? 몇 명의 구성원을 이끄는 프로젝트 리더, 수백 명이 참가하는 대규모 프로젝트 책임자, 스타트업 경영자, 프리랜서로 활동하면서 홀로 모든 업무를 처리하는 사람 등을 모두 리더라고 할 수 있다.

리더는 큰 뜻을 품고 있다. 이루고자 하는 꿈이 있다. 도달하고자 하는 목표가 있다. 이를 위해 프로젝트를, 구성원을, 클라이언트를, 상사와 부하를, 그리고 회사를 이끌어 나간다. 그것이 바로 리더의 역할이다.

리더가 추진하는 프로젝트가 지금까지 아무도 본 적 없는 새로운 것일 때, 변화를 받아들이지 못하고 낡은 방식을 고수하는 사람들이 나타나는데, 나는 이들을 '저항 세력'이라고 부른다. 이들은 새로운 것을 의심스러운 것으로 받아들인다.

저항 세력은 반드시 나타난다. 그럼에도 불구하고 리더는 이루고 싶은 목표를 향해 앞으로 나가야만 한다. 리더가 목표를 추진하는 과정에서 수많은 사람이 프로젝트에 참가하게 되고, 의견 충돌이나 동기 저하, 비전이 온전하게 전달되지 않는 등 '사람 문제'가 종종 발생하곤 한다. 때로는 단호하게 결정하지 못할 때도 있을 것이다. 그럼에도 리더는 이러한 문제들을 정리하면서 프로젝트가 앞으로 나아가게 만들어야 한다.

나는 대학에서 컴퓨터를 전공하고 경영 컨설턴트로 9년 정도 일하다가 벤처기업에서 2년 남짓 일한 뒤 창업했다. 이렇게 지금까지 설립한 회사가 7개 된다. 몇 명짜리 프로젝트에서 100명 규모의 프로젝트까지 다양한 형태의 프로젝트 리더로서, 스타트업 경영자로서, 17년의 세월을 살아왔다.

구성원 간 대립이나 프로젝트의 일정 지연, 기대에 미치지 못한 결과물, 생각보다 저조한 매출, 적자, 구성원들의 이탈, 네거티브 캠페인, 그 밖의 예상치 못했던 문제 등 프로젝트를 추진하다 보면 실로 다양한 문제들과 맞닥뜨리게 된다. 이러한 문제들은 끝이 보이지 않을 정도로 계속 내 앞을 가로막았다. '나는 리더로서 무능한 사람이 아닐까?' 마음속으로 몇 번이고 되뇐 적도 있었다.

무엇이 잘못되었을까, 무얼 하면 좋을까, 어떻게 하면 사태를 호전시킬 수 있을까, 뜬눈으로 밤을 새우면서 리더라는 마음가짐 하나로 앞으로 걸어나갔다. 많은 구성원과 지금까지 만나온 선배 경영자들에게 조언을 얻으면서 리더로서 어떻게 행동해야 할지 조금씩 눈에 보이기 시작했다.

이 책은 내가 17년 동안 때로는 고통과 큰 실패를 경험하며, 어떻게든 리더로 살기 위해 발버둥 치면서 얻은 깨달음을 정리한 책이다. 리더가 되기 전에 알았더라면 프로젝트를 더욱 잘 추진했을 텐데, 더 좋은 품질의 제품을 만들 수 있었을 텐데, 더 빠르게 프로젝트를 완성할 수 있었을 텐데, 이러한 아쉬움을 30가지로 정리해 한 권의 책으로 담아냈다.

완벽하게 일을 처리하는 사람만이 리더가 되는 것이 아니다. 때로는 굴러떨어지는 고통을 겪더라도 산꼭대기를 향해 올라가는 과정에서 비로소 '리더다움'을 갖추게 된다. 물론, 나 역시 지금도 산꼭대기를 향해 올라가는 과정에 있을 뿐이다. 앞으로 새로운 프로젝트를 맡게 될 사람, 이미 프로젝트 리더로서 비즈니스를 추진하면서 많은 문제점과 맞닥뜨린 사람, 미래에 창업을 생각하는 사람 등 리더를 목표로 하는 모든 사람들이 이 책을 읽어준다면 좋겠다.

독자분들이 이 책을 읽고 나서, '아, 좀 더 빨리 알았더라면 좋았을 것을!'이라고 느낀다면 더할 나위가 없겠다.

2019년 6월, 오늘도 새로운 문제들과 씨름하면서
고바야시 노리타카

옮긴이의 말

이 책은 전 세계에 코로나19가 창궐하기 전인 2019년에 쓰였다. 초벌 번역을 끝냈던 것은 작년 11월 즈음이었고, 올해 여름에는 출간될 예정이었다. 하지만 코로나19 사태로 인해 일정이 연기되면서 나 역시도 한동안 잊고 살았다.

그러다가 이직을 하게 되어 올해 5월에 현재 회사에 입사하게 되었다. 입사 첫날, 오리엔테이션을 마친 뒤 자리에 앉은 내 주변에는 아무도 없었다. 평소 같으면 200명이 넘는 직원들이 일하던 공간에는 몇 명만이 조용하게 키보드 소리를 내며 일하고 있었다. 오후에 전 사원에게 이메일로 간단한 인사말과 함께 짧은 자기소개 동영상을 발송하고 나니 당장 내일부터 어떻해야 할지 눈앞이 막막했다.

지금까지와는 다른 리더십과 매니지먼트 방법이 필요했지만, 이를 가르쳐주는 사람은 아무도 없었다. 일단 답답한 마음에 조직도를 펼치고 함께 일할 사람들의 담당 업무와 이름을 확인하며, 온라인 회의 시스템으로 일대일 면담을 진행했다. 면담 목적은 '서로 이름과 얼굴 외우기'로 설정하고,

가벼운 잡담으로 이야기를 풀어 나갔다. 그런데 일대일이 되니 의외로 서로 할 말이 많았고, 20명이 넘어가면서 이런저런 과제들이 조금씩 파악되기 시작했다. 흥미로운 점은 대부분의 사람들이 전체적인 관점에서 과제는 물론, 해결책 또한 제대로 인식하고 있다는 것이었다. 눈앞에서 조금씩 구름이 걷히는 듯한 기분이 들었다.

그때부터 면담 내용은 잡담에서 과제 해결을 위한 논의로 바뀌었다. 그렇게 40명 남짓한 리더들과 면담을 마치고 나니 앞으로 해야 할 일이 한결 명확하게 보이기 시작했고, 이러한 과정을 통해 새로운 조직에 빠르게 융화될 수 있었다.

올해 10월에 교정 작업을 하면서 일 년 만에 원고를 꺼내 읽다가 깜짝 놀랐다. 잊고 있었다고 생각했던 책의 내용을 업무에 활용하면서 일하고 있는 나를 발견했기 때문이다. 요즘은 대부분의 회의가 온라인상에서 진행되다 보니 무엇보다 중요하게 생각하는 점이 이슈 및 의제에 대한 참가자들의 '공통 인식共通認識'을 확인하는 것인데, 책에서도 많은 부분을 할애하여 이를 강조하고 있었다. 상황 자체도 저자가 책에서 강조한 '리더의 생각이 전달된 순간'과 정확히 일치하기까지 했다.

우리는 직장에서 일을 하다 보면 한번쯤은 리더를 맡게 되는데, 대부분은 준비되지 못한 채로 그 순간을 맞이하게 된다. 담당 프로젝트를 중구난방으로 진행하던 중에 경영진에게 올린 허점투성이 보고서로 박살이 날 때면, '누가 날 좀 가르쳐줬으면' 하는 생각이 간절해질 것이다. 그럴 때 이 책이 여러분에게 도움이 된다면 좋겠다. 이 책에서 저자는 본인의 실패에서 체득한 경험을 바탕으로 리더가 직면하게 될 수많은 난관과 이를 극복하는 구체적인 방법을 제시하고 있다. 반드시 목차의 순서대로 읽지 않아도 된다. 필요하다면 당신이 지금 제일 읽고 싶은 부분부터 읽도록 하라. 중요한 것은 이 책을 통해 당신이 얻길 원하던 방법을 찾는 일이다.

마지막으로 부족한 나에게 훌륭한 리더 상을 제시해주신 박성준 사장님, 김종창 형님께 지면을 빌어 감사의 말씀을 올린다. 그리고 이 책이 세상에 나오기까지 많은 도움을 주신 처음북스에도 고맙다는 말을 전하고 싶다.

2020년 11월, 도쿄에서 사랑하는 아내 이윤희와 함께
박찬

차례

3장 | 리더로서 팀 빌딩 하기

4장 | 나만의 리더십 갈고닦기

긴 에필로그 그리고 리더로 살아오며 배운 3가지

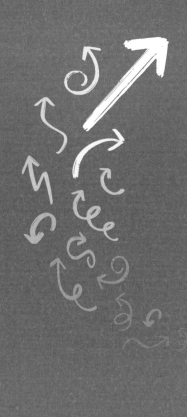

1장
리더의
커뮤니케이션

01 리더가 한 말은 안타깝게도 다음 날이면 대부분 잊힌다

커뮤니케이션을 할 때 명심해야 할 점은
사람들은 금방 잊어버린다는 것이다.

어제 본 전철 광고를 기억하고 있는가?

일본 회사원들의 평균 출퇴근 시간은 대도시의 경우 50분, 지방 도시에서는 30분 정도 걸리며, 대부분 전철을 타고 이동한다. 매일 흔들리는 만원 전철에 몸을 싣고 영원히 계속될 것만 같은 출퇴근을 반복하면서 많은 사람들이 전철 안 광고를 자주 보게 된다. 광고는 정치 뉴스, 해외 뉴스, 가십성 기사 등 다양한 주제로 가득 차 있다. 광고의 목적은 '이 잡지는 재미있겠군. 나중에 읽어봐야겠어'라는 생각이 들게 해 구입하게 만드는 것이다.

그러면 여기서 질문 하나.

"어제 본 광고의 카피 중에서 기억나는 것이 있는가?"

아마도 대부분의 사람들은 하나도 기억하지 못한다고 대답할 것이다. 나도 마찬가지다. 우리는 무의식중에 보았던 단어를 기억하지 못한다. 특히 자신이 불필요하다고 여기는 메시지는 쉽게 잊어버리는 경향이 있다.

내가 지금까지 유일하게 기억하고 있는 것은 닛신식품日淸食品의 컵라면 광고다. 이 광고는 유명한 광고 제작자 코마츠 사토시가 제작한 것으로, 국제우주정거장에서 실제로 촬영한 지구의 모습을 활용했다. 자전하고 있는 지구 위에 컵라면이 떠오르는 장면을 통해 맛은 세계 공통이라는 선전 문구를 말하지 않고도 의도를 명확하게 표현했다.

우주에서 내려다본 지구는 국경선과 같은 물리적 경계가 없다. 푸른 지구에서 우리들은 왜 뺏고 빼앗는지, 그럴 필요가 있는지에 대한 문제의식을 "이 별에 국경 같은 건 없어 No Border!*"라는 대사를 화면 한가운데 큼지막하게 배치하여 멋지게 표현했던 것이다.

이 광고를 처음 보았을 때의 충격은 아직도 잊을 수 없다. 이처럼 강렬한 인상을 남기는 광고는 좀처럼 보기 힘들기 때문이다.

이를 비즈니스 현장에 빗대어 생각해보자. 오늘날 우리는 일상적인 업무

· 역주: 2004년부터 'No Border' 시리즈로 제작되어 인기를 끌던 닛신식품 컵누들 제품 광고 중 하나다.

속에서 이메일을 보내고, 파워포인트와 워드 등으로 자료를 만든다. 상사에게 최종 보고를 할 즈음이면, 100쪽이 넘는 대작을 만드는 사람도 적지 않을 것이다. 보고서를 만들기 위해 생각한 것들을 문장과 도표로 정리하고 온갖 내용을 담아내려 할 것이다. 여기서 당신과 팀원 또는 상사에게 다음과 같이 질문해보자.

"프레젠테이션을 한 다음 날, 제가 만든 자료에서 기억나는 단어가 몇 개 있습니까?"

아마도 많지 않을 것이다. 팀원이라면 결론이나 지시받은 내용 정도는 기억할 수도 있다. 그러나 자료에 적힌 단어 하나하나를 기억하느냐고 묻는다면 아마 아니라고 할 것이다.

가령, 보고서가 100쪽 분량이고, 한 쪽마다 100개의 글자가 적혀 있으며, 두 쪽마다 그래프가 들어 있다고 가정해보자. 이 경우, 보고를 받은 사람은 1만 개의 글자와 50개의 그래프를 보고, 당신이 구두로 이야기한 내용까지 귀로 들어야 한다. 여기에 보고 시간을 한 시간이라고 하면, '한 시간 동안 이 3가지를 전부 이해하라'는 셈이다. 이건 마치 고문과도 같다.

리더에게 필요한 것은 매일매일 커뮤니케이션하는 것이다. 상대방은 팀원인 경우도 있고, 사업을 추진시키기 위한 임원인 경우도 있을 것이다. 당신이 경영자라면, 전 사원을 상대로 이야기하는 상황도 있을 것이다.

이때 당신이 자신이 전달하려고 하는 말은 놀랄 정도로 빨리 잊히게 된다.

내용을 대충 기억은 할지라도, 프레젠테이션 자료에 정리된 구체적인 정보나 이야기한 메시지를 구구절절 기억하고 있는 사람은 거의 없을 것이다.

리더가 한 말은 안타깝게도 다음 날이면 대부분 잊힌다. 이를 전제로 리더는 구성원들과 커뮤니케이션하고, 상사나 클라이언트와의 프레젠테이션에 임해야 한다.

프레젠테이션 준비에 쏟은 노력의 시간은 상대방에게 큰 영향을 미치지 못한다. 듣는 사람에게 당신의 노력은 그다지 중요하지 않다. 당신이 강조해서 이야기한 것이 상대방에게 제대로 전달되었다고 하더라도 내일이면 잊힐 수 있다. 상대방에게 나쁜 의도가 있어서가 아니라, 그냥 잊어버리는 것이다.

한 번 말해서 전달되지 않았다고 하더라도 상대방을 질책하지 말고, 자신의 능력이 부족하다고 탓하지도 마라. 리더는 오로지 꾸준하고 집요하고 끈기 있게 지속적으로 커뮤니케이션해야 한다.

02 사람들은 넘쳐나는 데이터를 제멋대로 해석한다

'사람은 1분 동안 몇 글자까지 읽을 수 있을까?'
언제나 이 점을 의식하면서 자신이 작성한 자료를 다시 훑어보자.

내 이야기에 관심이 없는 상대방을
귀 기울이게 하는 프레젠테이션이란

당신은 프레젠테이션을 시청할 때, 어떤 태도로 임하는가? 한쪽 귀로 프레젠테이션 내용을 흘려들으면서, 눈앞에 놓인 자료를 팔랑팔랑 넘겨 가면서, 텍스트나 그래프 중 흥미를 끌 만한 내용만을 찾지는 않는가?

반대로 당신이 누군가에게 프레젠테이션할 때를 상상해보자. 듣는 사람 모두가 열심히 당신의 프레젠테이션에 귀를 기울이고, 진지하게 자료를 읽어주길 기대하지 않는가?

사람은 수동적인 입장에서 정보를 접할 때, 다음과 같은 3가지 태도를 보인다.

- 자신이 읽고 싶은 대로 읽는다.
- 자신이 알고 싶은 부분만 읽는다.
- 자신의 생각과 맞는 부분만 찾아 읽는다.

아마도 대부분의 사람들이 그럴 것이다. 인지과학자 로저 섕크Roger Schank는 "개념적으로 설명하면, 인간은 논리적으로 이해하기보다는 이야기를 해석하도록 만들어졌다"라고 말했다. 리더는 이 말을 깊이 명심할 필요가 있다.

우리는 보고서를 작성할 때, 흔히 논리의 정교함에만 집중하곤 한다. 예를 들어 데이터 분석을 통해 현황 인식은 완벽한지, 이를 바탕으로 한 분석에서 얻은 전략과 대책은 무엇인지, 문제는 체계적으로 정리되어 있는지, 체계적이고 세분화된 문제는 근본적인 문제를 모두 포함하고 있는지, 활용 중인 데이터는 객관적으로 신뢰할 수 있는지, 편견 없이 공평한 시각에서도 동일한 결론이 나오는지 등이다.

물론 이러한 작업들이 아무런 의미가 없다는 것은 아니다. 오히려 당연히 추구해야 한다. 그러나 프레젠테이션이나 보고서로 사람의 마음을 움직이고 싶다면, 아무리 훌륭한 분석과 완벽한 자료라고 하더라도 그것만으로는 최종 결정을 이끌어 낼 수 없다는 것을 알아야 한다.

이는 비단 일본에 국한된 이야기가 아니다. 어느 나라, 민족에서도 마지막에 판단을 내리는 것은 사람의 마음이다. 보고를 받는 상대방이 지금까지 무엇을 생각하고 어떤 사실에 반응하는지, 프레젠테이션이나 보고서를 만들 때 어느 부분의 준비에 시간을 더 쏟을지 결정하는 데 있어 가장 중요한 것은 상대방이 지금 무엇에 관심을 기울이고 있는지 파악하는 것이다. 강경하게 반대 의견을 늘어놓을지도 모르는 상대방에 맞서기 위해 완벽한 논리를 바탕으로 준비한 두꺼운 자료는 때로는 헛수고에 지나지 않을 수도 있다.

오늘날 비즈니스 현장에서는 대부분의 사람들이 컴퓨터로 업무를 처리한다. 보고서를 파워포인트로 작성하는 것은 물론이고, 인쇄도 컬러로 분당 30~40장을 프린트할 수 있게 되었다. 20년 동안 컴퓨터 기술의 발전으로 많은 일을 보다 빠르게 처리할 수 있게 되었고, 스마트폰이 보급되면서 모든 것을 손바닥 안에서 확인할 수 있게 되었다.

당신은 '무어의 법칙'에 대해 들어본 적이 있는가? 이는 미국 기업 인텔Intel의 공동 창업자인 고든 무어Gordon Moore가 제창한 것으로, 집적회로의 트랜지스터 집적밀도가 18개월에서 24개월 사이에 두 배가 되어 처리 속도 또한 두 배로 빨라진다는 뜻이다.

컴퓨터가 회사와 가정에 널리 보급되기 시작한 후 20년 동안 처리 속도는 1천 배 이상 향상되었다. 그러나 처리가 빨라진 것은 컴퓨터와 스마트폰뿐이다. 이에 비해 인간의 능력은 20년 동안 얼마나 변화했을까? 아마 처리 속도를 두 배 향상시킨 사람조차 찾아보기 힘들 것이다.

지금 비즈니스 현장에는 대부분의 사람들이 정보 과잉 상태다. 하루하루 넘쳐나는 정보에 휩쓸리며 살아가고 있는 것이다.

다시 말하자면, 사람은 '자신이 읽고 싶은 대로 읽고', '자신이 읽고 싶은 부분만 읽고', '자신의 생각과 맞는 부분만 찾아 읽는다'. 이는 과다한 정보의 홍수 속에서 살아남는 자기 방어 수단일 수도 있다.

당신이 프로젝트 리더가 되어 사장이나 본부장에게 프레젠테이션을 한다고 가정해보자. 사장이나 본부장 정도의 직급이 되면, 매주 여러 곳에서 사업 진척 보고를 받게 된다. 대부분의 보고는 파워포인트나 엑셀을 활용한 다양한 그래프로 가득 찬 자료를 바탕으로 진행된다. 일주일 동안 그들의 눈앞에서 흘러가는 자료는 수백 장이 넘을 것이다. 그럼에도 불구하고, 보고하는 사람은 상대방이 열 몇 장의 자료를 전부 이해했다는 것을 전제로 짧은 시간 안에 프레젠테이션을 하고, 그들에게 의사결정을 요구한다.

상대방의 흥미나 관심을 이해하지 않은 채 산더미같이 준비된 자료만을 바탕으로 의사결정을 요구하는 것은 아무리 완벽한 논리를 바탕으로 작성된 자료라도 실로 어려운 일이다.

"사람은 1분 동안 몇 글자까지 읽을 수 있다고 생각하는가?"

이런 질문을 받으면 대부분의 사람들은 몇 백 자 정도라고 답할 것이다. 1천 자 이상이라고 대답하는 사람도 있을 수 있겠지만, 아마도 소수일 것이다.

이러한 점을 염두에 두고, 자신이 작성한 보고서의 글자 수를 지금 다시 세어보자. 분명 머릿속이 새하얘진 사람들이 많을 것이다. 자료를 작성하거나 프레젠테이션을 시작하기 전에 자기중심적인 사고에서 일단 물러나 스스로에게 이렇게 물어보자.

"상대방이 호의를 가지고 들을 생각이 없는 경우, 반드시 기억에 남겨야 할 내용은 무엇인가?"

03 프레젠테이션의 목적은 내 의도대로 상대방을 움직이는 것이다

알기 쉽게 설명하는 것이 아니며, 얼마나 노력했는지를 전달하는 것도 아니다. 오로지 상대방의 머릿속에서 이해하기 쉬운 단어를 끄집어내는 데 집중해야 한다.

제가 얼마나 고생했는지 알아주세요

프로젝트 리더는 임원에게 보고해야 할 때가 있다. 보고 예행 연습을 할 때, 선배에게 "보고서 내용을 좀 더 구조화하고, 알기 쉽게 설명하지 않으면 이해하지 못할 거야"라는 조언을 받은 적도 있을 것이다.

다만 많은 사람들이 오해하고 있는 점이 있는데, 좋은 프레젠테이션이란 결코 '알기 쉽게 설명하는 것'이 아니라는 것이다. 물론 프레젠테이션 자료를 알기 쉽게 만드는 것은 중요하지만, 이것이 최종 목표가 되어서는 안 된다.

언변이 좋은 사람일수록, 알기 쉬운 프레젠테이션을 하면 반드시 좋은 결과로 이어진다는 착각에 빠지기 쉽다. 구조화되어 논리 전개에 모순이 없고, 설명도 잘했다는 자기만족을 느끼기 쉽기 때문이다.

하지만 아무리 구조가 잘 짜여 있고, 논리 전개에 모순이 없으며, 알기 쉽게 설명했다고 하더라도 그것만으로 사람의 마음이 움직이지는 않는다. 말을 잘하는 사람들 중, 텔레비전 아나운서를 예로 들어보자. 아나운서는 책상 위의 뉴스 원고를 거의 보지 않고 카메라에 시선을 둔 채, 한 단어도 틀리지 않고 뉴스를 읽는다. 그러나 이는 알기 쉽게 설명하는 것에 지나지 않으며, 사람의 마음을 직접적으로 움직이는 방향으로 이어지진 않는다.

- 사람은 타인의 말을 듣고 싶은 대로 듣는다.
- 사람은 타인의 말을 듣고 싶은 것만 듣는다.
- 사람은 타인의 말 중 자신의 생각과 맞는 것만 찾아 듣는다.

당신이 어떤 일을 누군가에게 반드시 설명해야 할 때 필요한 방법은 매끄러운 프레젠테이션이 아니며, 화려한 프레젠테이션 자료를 만드는 것도 아니다. 철저한 논리를 세우는 것도, 정교한 분석을 하는 것도 아니다.

자료가 다소 허술해 보이거나 프레젠테이션이 조금 서툴러도 괜찮다. 당신이 전달하고 싶은 내용을 상대방이 어떻게 생각할지, 어떻게 전달하면 상대방의 머릿속으로 파고들 수 있을지, 지금 상대방은 무엇에 대하여 흥미를 가지고 있는지 상대방의 입장에서 철저하게 고민할 필요가 있다. 프레젠테이션의 성공 여부는 상대방을 얼마만큼 이해하고 있는지에 달려 있다. 다소 어눌한 말투더라도 상대방을 잘 이해한 다음 프레젠테이션을 한다면, 논리적으로 올바르게 구축된 설명보다도 훨씬 더 마음에 울림을 주게 될 것이다.

프레젠테이션의 목적은 '알기 쉽게 설명하는 것'이 아니다.

진정한 목적은 다음 3가지다.

- 내가 의도한 대로 상대방을 이해시키는 것
- 상대방에게 기대했던 말을 듣게 되는 것
- 상대방이 내가 기대했던 의사결정을 내리게 되는 것

당신이 의도한 대로 상대방이 이해했다면 조금 부족한 프레젠테이션이라도 상관없다. 1분짜리 프레젠테이션으로도 충분하다. 내가 기대하던 말을 상대방에게 듣게 되는 것이 바로 의사결정이다. 기다리고 있던 다음 단계로의 진행을 지시하는 말일 것이다.

회의 자리에서 서로 다른 의견으로 격렬한 토론을 하는 것도 중요하다. 논의를 거듭하면서 훌륭한 아이디어와 효과적인 해결책을 찾아내는 것이 목적인 경우에는 그래도 상관없다.

하지만 다음 단계로 나아가기 위해서 상대방에게 의사결정을 내리도록 하는 것이 목적인 프레젠테이션의 경우에는 상대방이 무슨 생각을 하고, 무엇에 관심이 있는지에 대해 세심한 주의를 기울이고 이해할 필요가 있다.

이것은 때로는 회의와 아무 상관 없는 일일 수도 있다. 예를 들어, '아들의 대학 입시'가 상대방에게 현재 최고의 관심사라면, 부드러운 회의 분위기를 만들기 위해서 관련 이야기를 꺼내며 프레젠테이션을 시작하는 것이 매우 효과적인 방법일 수 있다.

프레젠테이션을 연습할 때도 오로지 알기 쉽게 설명하는 것에만 시간을 쏟을 것이 아니라, '어떤 단어를 선택해야 나와 상대방이 공감할 수 있을까'에 노력을 쏟는 것이 훨씬 효과적일 것이다.

04 커뮤니케이션의 시작은 상대방과 나 사이의 공통 인식을 파악하는 것이다

지금 눈앞에 있는 사람과의 사이에는 어떤 공통점이 존재하는지, 공통점 밖에 있는 부분에는 어떤 차이가 존재하는지, 타인과의 커뮤니케이션에서 이를 의식하는 것과 그렇지 않은 것에는 큰 차이가 있다.

커뮤니케이션의 시작은 2개의 원을 그려놓고 생각하라

사람들은 대개 듣거나 본 것을 금방 잊어버리곤 한다. 제멋대로 자료를 읽고, 내키는 대로 타인의 이야기를 듣는다. 리더는 이를 전제로 사람들에게 메시지를 전달하고 프로젝트를 움직여야만 한다.

커뮤니케이션이나 프레젠테이션을 할 때 맨 처음 떠올려야 할 '2개의 원으로 생각하기'라는 기술을 설명하겠다.

커뮤니케이션이나 프레젠테이션의 출발점은 상대방과 나의 공통점을 파악하는 것에서부터 시작된다. 예를 들어, '이심전심以心傳心'이라는 고사성어는 전부를 말하지 않더라도 서로가 마음으로 이해하고 통한다는 의미로 사용된다. 일본에서는 대부분의 사람들이 동일한 교과서로 교육을 받는다. 중학교까지는 의무교육이며, 고등학교 진학률도 매우 높다. 대학교조차도 지원자 전원이 합격하는 시대라고 한다. 99%의 사람들이 정해진 길을 나아가는 것이다.

이처럼 확고한 사회 기반 위에서 모든 사람들이 일본어라는 고유의 언어로 이야기하는 환경이므로, 일본인끼리는 지극히 높은 공통 가치관을 갖고 있다. 전형적인 일본인 2명 사이에 존재하는 공통 가치관을 2개의 원을 사용해서 설명하겠다. 한 사람의 생각과 가치관을 둥근 원으로 그리고, 다른 사람도 둥근 원으로 그리면, 가운데 부분이 겹치는 상태가 된다(그림 1 참고).

서로 겹치는 부분의 면적이 겹치지 않는 부분보다 크다. 이른바 암묵적인 공통 인식이 큰 상태다. 이 부분은 전형적인 일본인끼리 느끼는 감각일 것

그림 1. 두 개의 원으로 생각하기

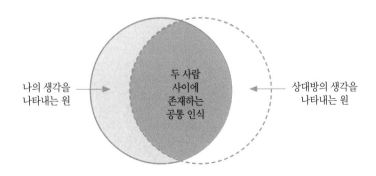

나의 생각을
나타내는 원

두 사람
사이에
존재하는
공통 인식

상대방의 생각을
나타내는 원

이다. 따라서 이심전심의 관계가 성립되기 쉽다. 또한 서로 겹치지 않는 부분, 즉 이해하지 못하는 부분이 적기 때문에 이를 메우기 위한 커뮤니케이션과 대화가 용이할 것이다. 일본인끼리의 커뮤니케이션은 이렇게 서로 겹치지 않은 부분을 메우는 것에서부터 시작된다.

이를 비즈니스 현장에 대입해보자. 예를 들어, 추진 중인 프로젝트에 대해

그림 2. 공통 인식 넓히기

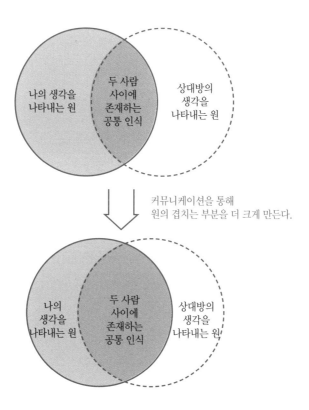

커뮤니케이션을 통해
원의 겹치는 부분을 더 크게 만든다.

서 상대방(프레젠테이션을 듣는 클라이언트나 프로젝트 구성원)과 자신이 어떤 생각을 하고 있는지 앞에서 소개한 2개의 원으로 파악해보는 것이다.

프로젝트를 진행하면서 서비스의 타깃은 누구로 할 것인지, 시험판부터 서비스를 시작할 것인지, 기능이 제대로 갖추어질 때까지 공개하지 않을 것인지, 개발에 사용할 컴퓨터 언어는 무엇으로 정할 것인지 등을 2개의 원으로 매핑mapping해보자. 이를 통해 어떤 부분이 겹치고 어떤 부분이 겹치지 않는 상황인지 파악할 수 있을 것이다.

그 후 겹치지 않은 부분에 대해 중점적으로 고민하고 커뮤니케이션하면 된다. 가령 매핑이 조금 어긋나더라도 상관없다. 가설에서 시작해도 괜찮다. 논의를 거듭하다 보면 공통 인식이었던 것도 사실 세세한 차이가 있다는 것을 알게 되는 경우도 있을 것이다.

프로젝트를 진행하면서, 2개의 원이 겹치는 부분을 조금씩 넓혀 가보자. 언제나 이를 의식하면서 클라이언트에게 프레젠테이션을 하고, 팀원들과도 커뮤니케이션해보자. 2개의 원을 의식하고 논의를 시작하는 것만으로도 커뮤니케이션의 질은 비약적으로 향상될 것이다.

일상생활 속의 공통 인식에 대해 생각해보기

2개의 원을 일상생활 속에 대입해보자.

한 부부가 저녁 식탁 위에 돈가스 접시를 차려놓은 풍경을 머릿속에 떠올려보자. 남편이 "그거 좀 집어줘"라고 아내에게 말한다. 식탁 위에는 돈가스 소스, 케첩, 마요네즈, 폰즈(식초와 간장을 섞어서 만든 조미료의 일종-역주)가 늘어서 있다. 아내는 망설임 없이 폰즈를 남편에게 건네고, 남편은 폰즈를 받아서 돈가스 위에 뿌린다.

일반적인 사람(어디까지나 대다수의 의견이라는 관점)이라면, 아마도 식탁 위의 4가지 조미료 중에서 돈가스 소스를 집어들 것이라 생각할 것이다. 하지만 이 상황에서는 '돈가스에는 폰즈를 뿌려서 먹는 것'이라는 남편의 생각과 아내의 생각 사이에 공통 인식이 존재한다는 것을 의미한다.

결혼한 직후나 연애를 막 시작할 때였다면, 폰즈를 돈가스에 뿌린다는 것은 당연히 겹치지 않는 부분에 존재했을 것이다. 하지만 함께 생활하면서 겹치지 않았던 부분에 존재하던 것들이 점점 겹치는 부분으로 이동하게 된 것이다.

개그맨 '아카시야 산마'는 왜 꾸준히 인기가 있을까?

개그맨에 대해서도 2개의 원으로 설명할 수 있다. 대부분의 개그맨은 데뷔 초기에는 짤막한 유행어나 몇 초 동안의 짧은 콩트를 보여주는 정도일 것

· 역주: 일본의 유명 개그맨. 1955년생으로, 텔레비전과 라디오 방송인, 연예 프로그램 사회자, 진행자로 왕성하게 활동 중이다.

이다. 이전 쇼와시대昭和時代*에는 하자마 칸페이間寬平의 '카이-노かいーの'나 타니 케이谷啓의 '가쵸옹ガチョーン', 카토 차加藤茶의 '카토짱페カトちゃんペ' 등이 있었고, 최근에는 블루종 치에미ブルゾンちえみ의 '산쥬고오쿠35憶'나 춤을 추다가 불쑥 얼굴을 내미는 횻코리항ひょっこりはん 등을 들 수 있다.**

이런 유행어를 통해 무엇을 알 수 있을까? 데뷔 초기 개그맨과 개그우먼이 가지고 있는 원과 텔레비전 시청자가 가지고 있는 원은 초반에는 전혀 겹치지 않은 상태에서 시작된다. 그러므로 그들은 시청자들과 조금이라도 겹치는 부분을 만들어내기 위해, 몇 초 동안 강렬한 인상을 남길 수 있는 유행어나 콩트 소재를 열심히 생각해낸 것이다.

개그맨들의 화술 또한 무척 흥미롭다. 재미있는 이야기로 돈을 버는 프로이니 당연하다면 당연할 수도 있겠지만, 그들의 화술의 비결을 한번 살펴보자.

우리는 종종 옛 직장 동료나 학창 시절 친구들과 만나서 식사를 하고 술을 마시기도 한다. 사회인이 되고 나서 몇 년이 지날 때까지는 학창 시절 친구들과 술을 마시는 것만으로도 즐거울 것이다. 그 상황에서 공통의 화제가 되는 것은 무엇일까? 말할 것도 없이 옛날 이야기다.

같은 직장에서 겪은 일이나 학창 시절에 함께 활동한 추억은 2개의 원에서 서로 겹치는 부분이고, 대화를 하며 즐거움을 느끼는 것은 이 부분의 화

· 역주: 일본의 시대 구분 중 하나로 헤이세이 시대 이전. 1926년부터 1989년 초까지의 기간을 가리킨다.
·· 역주: 시대를 대표하는 개그맨과 개그우먼들이 만들어낸 단발 개그 및 유행어에 쓰인 의성어, 의태어.

제일 것이다. 대화가 더욱 흥미진진해질 때는 의외의 사실을 알았을 때다. 공통 화제 속에서 모두가 그럴 것이라고 생각했던 것이 사실은 그렇지 않았을 때, 대화는 더욱 재미있어진다.

예를 들어, 대학 시절에는 동작이 굼뜨고 어떤 일이든 우물쭈물하며 소심한 타입이었던 친구 A가 직장인이 되어 과장으로 승진한 뒤 부하들에게 호랑이 같은 무서운 상사가 되었다는 소문이다. 원의 겹치는 부분에서 툭 불거져 나오는 의외의 이야기는 무척이나 재미있는 법이다.

이야기를 되돌려, 내가 개그맨이 훌륭하다고 생각하는 이유는 이처럼 일반인들이 평소에 체험하는 재미있는 이야기를 텔레비전을 통해 수천만 명의 시청자에게도 잘 전달하기 때문이다.

일본인이라면 다 알 정도로 유명한 개그계의 거물 아카시야 산마明石家さんま를 예로 들어보자. 그는 30년이 넘는 세월 동안 개그계에서 정상을 유지하고 있다. 시간이 흐를수록 아카시야 산마와 시청자들 사이에는 2개의 원 중 겹치는 부분이 생기게 된다. 시청자들은 산마가 이혼한 사실도 알고, 심지어 자녀들 이름까지도 알고 있다. 이렇게 원의 겹치는 부분이 커지면 화제를 재미있게 풀어내기도 쉬워진다. 예를 들어, 그는 자신의 이혼을 소재로 자학 개그를 종종 선보이면서 지금까지 시청자들과의 공통 인식에서 조금 벗어난 에피소드를 집어넣기도 하는 것이다.

아카시야 산마는 어떻게 오랜 기간 동안 개그계에서 군림할 수 있었을까? 이는 산마가 자신과 시청자들 사이에 존재하는 공통 인식이 무엇인지 아주 잘 파악하고 있었기 때문은 아니었을까. 상식이라고 생각하고 있던 부분을 비틀고 허를 찔러 유쾌한 화제로 만들어내는 과정이 반복된 결과일 것이다.

산마처럼 되길 꿈꾸며 갓 데뷔한 개그맨들은 어떻게든 시청자들과의 공통 인식을 조금이라도 키워나가기 위해 필사적으로 노력한다. 그러다 겹치는 부분이 일정 수준 이상이 되면 지금보다 훨씬 개그 소재를 쉽게 만들어낼 수 있다는 믿음으로, 언제나 유쾌한 웃음을 주기 위해 꾸준히 고민하는 것이다.

왜 영화나 드라마에는 시리즈가 많을까?

최근 유행하는 영화나 드라마는 시리즈물이 많다. 미국 드라마가 대표적인 예로, 키퍼 서덜랜드가 연기하는 특별수사관 잭 바우어와 테러리스트의 싸움을 그린 드라마 〈24〉는 시즌 9까지 나왔으며, 총 200화 이상의 매우 긴 스토리를 자랑한다. 각기 독립적인 작품의 주인공들을 크로스오버(경계를 넘나들다)cross over로 출연시키며 시리즈를 확장시키고 있는 마블의 〈어벤져스〉 시리즈도 지금까지 관련 인물 작품만 30편 넘게 제작되었다.

그렇다면 왜 시리즈가 유행하는 것일까? 이 역시도 2개의 원으로 설명할 수 있다. 시리즈로 만들어진 영화나 텔레비전 드라마의 주인공과 시청자 사이에도 겹치는 부분이 커다랗게 존재한다. 그렇기 때문에 허를 찌르는 흥미진진한 스토리를 만들기가 쉬워진다. 시리즈의 첫 작품을 만들기란 무척 어려울 것이다. 후속작에서 겹치는 부분을 만들어 나가야 하는 위치에 있기 때문이다.

드라마 〈24〉에서 잭 바우어는 매우 훌륭한 수사관이다. 그러나 화를 주체하지 못해서 테러리스트를 고문하는가 하면 총으로 쏴 죽이기도 한다. 테러리스트를 일망타진한다는 대의명분을 앞세워서 빌딩이나 대사관에 불법으로 침입하는 것도 망설이지 않는다. 드라마를 보는 동안 시청자들은 '잭 바우어의 무모한 인격'에 대한 공통 인식을 형성하게 되고, 그가 가끔 내비치는 인간적인 허점과 나약함 그리고 고독한 모습에 마음을 빼앗기게 된다.

《내 남자》라는 소설로 제138회 나오키상*을 수상한 사쿠라바 가즈키桜庭一樹는 책이 팔리지 않던 시절에 편집자로부터 다음과 같은 말을 들었다고 한다.

"팔리는 책이란 대중의 70%가 공감하고, 20%는 이런 이야기도 있을 수 있다고 생각하고, 나머지 10%는 말도 안 되는 이야기라고 생각하는 책입니다."

이 말 또한 내가 생각하는 2개의 원과 일맥상통한다. 이야기의 70% 정도를 독자들이 공감할 수 있는 내용으로 채우고, 이 겹치는 부분을 잘 활용하여 스토리텔링에서 어떻게 반전을 줄 것인지 고민하는 것에서 작가의 실력

· 역주: 1935년에 제정된 일본의 유명 대중문학상.

이 드러나게 된다.

　화술로 상대방의 마음을 휘어잡는 사람은 어디까지가 겹치는 부분이고, 겹치지 않는 부분인지를 항상 의식하고 있다. 그리고 겹치는 부분 안에서 어떻게 반전을 주고, 새롭게 겹치는 부분을 만들어 나갈 것인지 항상 생각한다.

05 전달 능력을 키우고 싶다면, 말하려는 내용을 간단한 화학식으로 표현하자

먼저 간단한 구조로 쉽게 이야기하는 훈련을 쌓은 다음, 강한 인상을 심어주기 위해 자신만의 악센트나 깜짝 놀라게 할 만한 포인트를 더해보자.

어떻게 하면 커뮤니케이션 능력을 높일 수 있을까?

십몇 년 전, 경영 컨설턴트를 하던 시절에 대학교 졸업생을 채용하는 면접관을 했던 적이 있다. 30분 동안 일대일 면접을 하는 방식으로, 아침 9시부터 저녁 7시까지, 많을 때는 하루 12명의 학생들과 면접을 진행했다. 컨설턴트가 되고 싶어 하는 학생들 대부분은 '어떻게 하면 커뮤니케이션 능력을 높일 수 있을까?'에 관심이 있는 것 같았다. 아마도 각종 비즈니스 서적 등을 통해 컨설턴트에게는 커뮤니케이션 능력과 논리적 사고가 필요하다는 선전의 영향을 받았을 것이다.

나는 학생들에게 그러한 질문을 받으면 반드시 화학식 이야기를 꺼낸다.

$$A + B \rightarrow C$$

이는 A라는 현상과 B라는 현상이 더해지면, 다음으로 C라는 현상이 일어 난다고 해석할 수 있다. 빗대어 표현하자면, A라는 인재가 B라는 전략을 가 지고 비즈니스를 실행하면, C라는 이익을 얻을 수 있다고도 해석할 수 있다.

아마도 모든 일에는 이러한 인과관계가 성립될 것이다. 물론 불규칙한 상 황이 발생하거나 예상했던 것과 다른 결과가 발생할 수도 있지만, 대체로 모든 일에는 인과관계가 존재한다.

타인과의 커뮤니케이션 능력을 높이는 첫걸음은 이야기하고자 하는 내 용을 얼마나 간단한 화학식으로 만들 수 있느냐에 달려 있다. 무엇과 무엇 을 조합해 결론을 말하려고 하는가, 대부분의 일들은 이렇게 간단한 화학 식으로 결론을 내릴 수 있다.

흔히 빠지기 쉬운 함정은 A + B + C + D → X + Y + Z와 같이 복잡한 화 학식을 만드는 것이다. 사실 대부분의 문제는 그다지 복잡하지 않으며, 우 리가 본질을 제대로 꿰뚫어 보지 못하기 때문에 복잡하게 전달하려고 하는 것이다.

이처럼 복잡한 문제에 맞닥뜨렸을 때, 반대로 이렇게 물어보는 것은 어 떨까?

"지금 이야기를 간단하게 정리하면 A + B → C라는 말씀인가요?"

그러면 상대방이 마치 깨달음을 얻은 사람처럼 "네, 맞습니다!"라고 대답하는 경우를 많이 보았다. 몇 번이나 말하지만, 인간은 우리가 생각하는 것보다 잘 만들어지지 못했고, 처리 능력 또한 그다지 훌륭하지 않다는 점을 명심하자.

A + B + C + D → X + Y로 구구절절 설명하는 것보다 A + B → X, C + D → Y처럼 간단한 구조로 전달하는 것이 이해하기 쉽고 머릿속에도 남는다. 흔히 "Simple is the best(단순한 것이 최고다)"라고들 하는데, 이처럼 딱 들어맞는 말도 없을 것이다.

1분 안에 설명하는 훈련하기

이어서, 어떤 일을 A + B → C 구조로 만들고, 1분 안에 설명하는 훈련을 해보자.

예를 들어, 조간신문 일면 헤드라인 기사를 A + B → C와 같은 간단한 구조로 요약하고, 1분 안에 설명하는 훈련을 매일 아침 해보자. 1분이라는 제한된 시간을 최대한 활용하여 요점을 전부 담아서 간결하고 명료하게 설명하는 것이다.

우리는 1분 동안 몇 글자를 말할 수 있을까? 일반적인 사람이라면 대략

300자일 것이다.

텔레비전 뉴스를 보다 보면, 뉴스 한 토막이 끝나고 광고가 시작되기 전까지 몇 초 동안 공백이 있을 때가 있다. 예를 들어, 환경보호에 대한 내용으로 뉴스가 마무리되고, 다음 프로그램으로 화면이 바뀔 때까지 10초 정도가 남았다고 가정해보자. 이 경우 베테랑 아나운서라면 절묘한 순발력으로 다음과 같은 마지막 멘트를 말하면서 넘어갈 것이다.

"미국은 환경보호에 대한 근본적인 개혁안을 신속하게 실행으로 옮겼습니다. 지금 국민 여러분께서 정부에 바라는 점도 얼마나 이를 조기에 대처할 것인지가 아닐까요."

일반적으로 사람이 말할 수 있는 글자 수는 10초 동안 100글자, 5초 동안 50글자 정도다. 따라서 앞의 멘트만으로 10초라는 시간을 메울 수 있다. 우리는 베테랑 아나운서가 아니므로 일상에서 이처럼 순발력 있고 재치 있는 멘트를 말하기란 어렵겠지만, 어떤 화제라 할지라도 1분이라는 시간 동안 이야기를 마무리 짓는 훈련을 쌓는 것은 현장에서 매우 큰 도움이 될 것이다.

나는 예전에 TV TOKYO의 〈클로징 벨Closing Bell〉(2008년 9월 방송 종료)에 패널로 출연한 적이 있다. 당시 마이크로소프트가 야후를 매수하려 했다는 뉴스에 대한 배경 설명과 마이크로소프트의 목적에 대해 짤막한 의견을 달라는 요청을 받았다. 마이크로소프트의 목적은 구글의 검색 서비스에 대항

하기 위한 것으로, 거기에 야후의 검색 기술이 들어맞았던 상황이었다. 나는 구글 검색 기술의 특징에 대해 다음과 같이 설명했다.

"구글의 검색 기술은 다른 사이트로부터 접속(링크)이 많은 순서대로 보여주므로 소비자가 찾고자 하는 검색 결과를 얻기 쉽습니다."

일반인도 이해할 수 있는 단어를 사용하면서 구글의 기술에 대한 오해가 생기지 않을 정도로 다듬어서 표현한 말이었는데, 진행자였던 스에타케 리카코末武里佳子가 이 말을 "쉽게 말하자면, 인기 투표순으로 표시해준다는 것인가요?"라고 맞장구를 쳐 주었다.

나는 일반 시청자에게 설명했다지만, 실은 머릿속의 지식을 말로 바꾸는 데만 노력을 쏟았을 뿐이었다. 반면 스에타케는 텔레비전 앞에 있는 수백만 시청자를 고려해 말했던 것이다. 이날 '알기 쉬운 말 한마디라는 게 이런 것이구나!'라는 감명을 받았던 기억이 있다.

한마디 문장으로 어떻게 설명할 것인가? 5분 동안 기승전결까지 넣는다면 어떻게 설명할 것인가? 이럴 때는 다양한 시간으로 훈련해보는 것도 효과적이다. 인간의 뇌는 창조적인 작업을 할 때 비로소 활성화된다고 한다. 이 말은 수동적인 태도로 매일 아침 신문을 훑어내리는 것만으로는 아무런 훈련도 되지 않는다는 뜻이다.

매일 한 가지 신문 기사를 가지고 A + B → C 구조를 의식하면서 다음 3가지를 머릿속에 그려보자.

① 이 기사를 1분 동안 어떻게 설명할 것인가?

② 이 기사를 한마디로 표현한다면 어떤 단어가 될 것인가?

③ 이 기사를 5분 동안 스토리로 어떻게 설명할 것인가?

이 3가지 패턴을 생각하는 데는 10분도 걸리지 않는다. 단 10분이면 되는 이러한 훈련을 매일 반복하다 보면, 반년이 지난 뒤 당신의 커뮤니케이션 능력은 크게 발전할 것이다.

설명에 나만의 의견을 더해서 상대방에게 깊은 인상 남기기

이처럼 언뜻 복잡해 보이는 일을 A + B → C의 단순한 구조로 만들고, 1분 안에 설명할 수 있는 자신감이 생겼다고 가정하자. 당신의 설명은 이제 정리되어 이해하기 쉬워졌을 것이다. 그다음으로 익혀야 할 것은 강한 인상을 남겨 상대방이 쉽게 기억할 수 있도록 전달하는 방법이다.

당신은 신문의 헤드라인을 알기 쉽게 설명한 1분의 이야기를 내일까지도 기억할 수 있을까? 예를 들어, 오늘 이 시간부터 친구와 술을 한잔하게 된다면, 내일 아침까지 그 설명을 기억하고 있을까? 아마도 대답은 '아니오'일 것이다. 간단하게 A + B → C 구조로 설명했다고 하더라도 인상적인 부분이 없다면 기억하기 어렵다. 이는 해당 뉴스 내용을 화자와 청자가 같은 수준으로 이해했기 때문에 발생하는데, 이런 경우에는 내용의 이해를 넘어서 어떤 방식으로 강한 인상을 남길 것인지가 중요해진다. 예를 들어 어떤 부분을 강조하려면, A + B → C 구조로 표현한 결론에 대해 자신의 의견을 더해서 설명하는 것만으로 강한 인상을 남길 수 있다. 디테일한 부분에서 흥미를 가질 만한 포인트를 강조하거나, 모두가 알고 있는 상식의 허점을 찔러보는 등 나만의 개성 있는 설명이 사람들의 기억에 남게 될 것이다.

06 사람에 따라서 결론이나 행동이 달라지는 이유는 생각의 사다리를 통해 알 수 있다

사람의 사고 과정은 3단 사다리로 설명할 수 있다. 첫 번째 단은 정보 선택, 두 번째 단은 정보 분석, 세 번째 단은 결론과 고찰이다. 그 결론에 따라서 사람은 행동한다.

사람의 사고 과정은 3단 사다리로 설명할 수 있다

'부하 직원이 무슨 생각을 하는지 모르겠다.'
'저 사람은 어째서 저런 행동을 했을까?'

많은 리더들이 이러한 고민을 하고 있을 것이다.

인간의 사고 체계는 3단 사다리로 설명할 수 있다. 첫 번째 단은 정보 선택, 두 번째 단은 정보 분석 그리고 세 번째 단은 결론과 고찰이다. 사람은 그렇게 얻은 결론으로 행동하게 된다.

　세 번째 단의 결론에 따라서 최종적으로 한 행동만을 보게 되면 왜 그런 행동을 했는지에 대한 이유를 알 수 없다. 우선 인간은 첫 번째의 '정보 선택'이라는 사다리를 오를 때 활용 가능한 모든 데이터에서 정보를 선택하는데, 여기서 어떤 선택을 할지는 각자의 가설이나 가치관 혹은 상황에 따라서 달라지게 된다.

　두 번째 정보 분석에서도 마찬가지다. 예를 들어, 전 단계에서 동일한 정보를 선택했다고 하더라도 100명의 사람들에게는 100가지의 가설과 가치관이 있을 수 있다. 이는 도출되는 정보 분석에서도 사람에 따라 서로 다른 결과를 얻을 수 있다는 의미다. 인간의 사고만큼 복잡한 것도 없을 것이다. 이에 대해 아이작 뉴턴은 다음과 같은 말을 남겼다.

　"I can calculate the movement of the stars, but not the madness of men(나는 별들의 움직임을 계산할 수 있지만, 인간의 생각은 도무지 계산할 수 없습니다)."

　정보를 선택하는 단계, 정보를 분석하는 단계, 분석에서 결론을 도출하는 단계, 결론에서 행동으로 옮기는 단계 등 각 단계마다 인간의 사고는 천차만별이다. 가장 처음 정보 선택의 근거가 되는 정보원도 사람에 따라 다를 것이다(그림 3 참고).

　우리는 서로 '말이 통하지 않는다'거나 '말이 안 맞는다'는 이야기를 종종

그림 3. 3단 사다리로 표현한 인간의 사고 과정

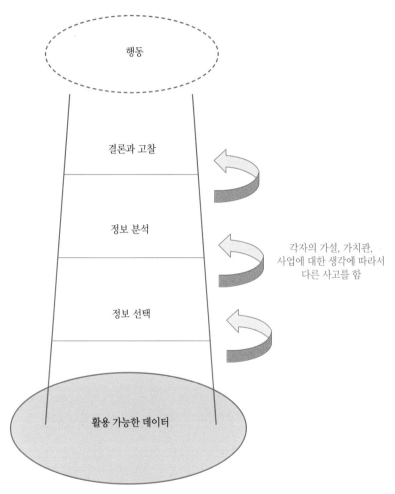

출처: 크리스 아지리스(Chris Argyris)가 고안한 '추론의 사다리(Ladder of Inference)' 및 피터 센게(Peter Senge)의 '제5 분야: 학습하는 조직의 기술과 훈련(The Fifth Discipline: The Art & Practice of the Learning Organization)'을 토대로 저자가 작성함.

하지만, 생각해보면 처음부터 쉽게 통할 리 없다는 것을 알 수 있다. 서로의 이해를 돕기 위해 생각의 사다리에서 내려오는 것도 지름길이 될 수 있다. 그렇게 함으로써 서로의 차이를 인식할 수 있고, 왜 다른 행동을 했는지에 대해서도 솔직하게 받아들일 수 있다.

다른 행동을 하는 상대방과 서로 어떤 결론을 내렸거나 고찰했는지 먼저 이야기해보고, 다른 결론에 도달한 경우에는 어떻게 분석했는지 서로 확인하고, 분석한 방법이 다를 경우에는 어떤 정보를 선택했는지 서로 보여주며, 선택한 정보조차 다를 경우에는 서로가 활용 가능하다고 생각하는 정보를 눈앞에 펼쳐놓고 생각해보자.

여기서 중요한 것은 '어디가 같은지'를 확인하는 것이 아니라, 서로 '어디가 다른지, 어떻게 다른지'를 이해하는 것이다. 다름을 이해하는 것만이 서로를 이해하는 첫걸음이 된다.

비즈니스 미팅에서 서로 의견이 맞지 않을 때는 화이트보드든 노트든 상관없으니 3단 사다리를 그려보자. 각자가 어떤 정보원을 바탕으로 생각하고 있는지, 거기에서 어떤 정보를 선택했는지, 선택한 정보를 어떻게 분석했는지, 분석에서 어떤 결론을 도출했는지, 이를 바탕으로 각자 어떤 행동을 했는지 써 내려 가다 보면, 그 차이가 구체화될 것이다(그림 4 참고). 그리고 마침내 다음과 같이 깨닫게 될 것이다.

'내 부하가 나와 다른 인간이라는 것을 지금까지 한 번도 생각해본 적이 없었다.'

그림 4. 생각의 사다리를 내려오는 법

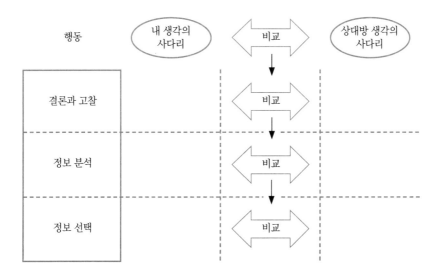

사람의 마음을 계산으로 알 수는 없다. 오늘 서로의 차이를 이해했다고 하더라도 내일은 이해하지 못할 수도 있다. 내일은 내일의 태양이 뜨고, 내일의 새로운 3단 사다리가 있을 것이다. 서로가 행동의 차이를 논의하기 전에, 먼저 생각의 사다리를 한 단계 내려와보는 것이 지름길이 된다.

07 내 지시가 제대로 전달된 순간은 언제일까

팀원들이 내가 했던 말을 자신의 생각처럼 말하기 시작했을 때가 바로 '전달된 순간'이다.

상대방에게 온전하게 '전달되었다'는 말의 의미

비즈니스 현장에서는 매일 막대한 양의 정보를 서로에게 '전파하고' 있다. 하지만 안타깝게도 대부분의 정보는 단지 그 수준에 머무르고 만다. 온전하게 전달까지 이루어지지 않는 것이다. '전달'과 '전파' 두 단어 사이에는 깊은 계곡이 존재한다.

상대방이 마치 자신의 일처럼 내 이야기를 들어주는 관계라면 일방적으로 말하는 것만으로도 전달할 수 있다. 혹은 상대방이 카운셀러라면 나의 고민에서부터 웃기는 이야기까지, 어떤 이야기에도 귀를 기울여줄 것이다. 이는 그들의 직업이 타인과 대화를 나누는 것에서 부가가치를 만들어내기 때문이다.

그러나 일반적인 비즈니스 현장이나 일상에서는 그렇지 않은 경우가 대부분이다. 우리의 이야기를 정성 들여 들어주는 사람은 거의 없다고 생각하는 편이 좋을 것이다. 예를 들어, 남편이 텔레비전을 보고 있고, 옆에서 아내가 오늘 있었던 일을 이야기하는 장면을 상상해보자. 남편이 대화에 건성으로 맞장구를 치고 있다고 느낀 아내가 말한다. "이봐요, 당신! 내 말 제대로 듣고 있어요?" 그로부터 3일 뒤, 남편이 "이거 알아?" 하면서 3일 전에 아내가 열심히 이야기했던 내용을 묻는다. 그러자 아내는 기가 차서 "내가 그저께 말했던 거잖아요!"라고 말하고, 남편은 머쓱해져 "아, 그랬었나?"라고 말한다. 이러한 상황은 우리 주위의 가정에서 흔히 있는 일이다.

이처럼 부부 사이에서조차 무언가를 전달하는 것은 때론 무척 어려운 일이다. (물론 부부이기 때문에 더 어려울 것이라는 독자분도 있을 것이다.)

우리는 사회생활을 하면서 말이나 문장, 자료 등을 이용해 여러 가지 일들을 누군가에게 전달해야 한다. 하지만 영업 현장에서 상대방에게 같은 말을 수십 번, 수백 번 반복하더라도 제대로 전달되지 않는 경우가 있다. 한술 더 떠서 상대방이 기억조차 하지 못하는 경험을 한 사람들도 많을 것이다.

그렇다면 상대방에게 '전달되었다!'라고 할 수 있는 때란 도대체 어떤 순간일까? 아마도 많은 사람들이 '알기 쉽게 설명했을 때'라고 생각할 것이다.

그러나 알기 쉽게 논리적으로 설명하면 상대방에게 잘 전달될 거란 생각은 착각일 뿐이다. 간단하게 말하자면 그것은 단지 '이야기를 끝낸 것'에 지나지 않는다.

진정으로 전달되었다고 말할 수 있는 순간은 '상대방이 나와 같은 이야기를 하기 시작했을 때'다. 예전에 당신이 했던 이야기를 상대방이 마치 자신의 생각인 것처럼 이야기하기 시작할 때가 바로 전달된 순간이다. 자료를 작성하는 경우도 마찬가지다. 지금까지 수도 없이 자료를 작성하고 프레젠테이션을 했던 당신의 상대방이, 당신이 몇 번이고 설명을 반복해도 관심을 보이지 않고 매번 설명할 때마다 처음 듣는 것 같은 반응을 보이던 상대방이, 언제부턴가 예전에 당신이 만들었던 자료를 베낀 듯한 내용의 자료를 만들어서 누군가에게 프레젠테이션을 하는 순간이야말로 비로소 전달되었다고 말할 수 있다.

회의 중 화이트보드에서도 전달되는 순간을 발견할 수 있다. 회의 내용을 화이트보드에 써 내려가는 방식의 미팅을 하다 보면, 회의가 끝났을 때 글자로 꽉 찬 화이트보드를 스마트폰 카메라로 촬영하는 사람이 많다. 한번 생각해 보자. 3일 뒤, 아니 다음 날이라도 상관없다. 보드에 적혀 있던 내용을 스마트폰 사진을 보지 않고 이야기할 수 있는 사람이 과연 몇이나 될까? 아마도 10명 중 8~9명은 내용을 거의 잊어버렸을 것이다. 자신이 적은 부분은 기억할지 몰라도 다른 참가자의 의견은 거의 기억하지 못할 것이다. 스마트폰의 사진을 다시 열어봐야만 비로소 모든 이들의 의견이 기억에서 되살아난다면, 다른 참가자의 의견은 전달된 상태라고 할 수 없다. 단지 들은 적이 있다는 수준에 머무를 뿐이다. 안타깝게도 세상의 많은 회의가 이와 비슷하다.

그렇다면 그런 회의에서 전달되었다고 말할 수 있는 순간은 언제일까? 회의 도중에 누군가가 조용히 자신의 의견을 화이트보드에 적어 내려간다. 그런데 그 사람이 적은 내용이 과거에 자신이 이야기한 적이 있거나, 화이트보드에 적었던 내용과 매우 흡사할 경우 비로소 전달되었다고 말할 수 있다.

당신은 어제 본 지하철 광고의 내용을 기억하는가? 안타깝게도 전혀 기억하지 못할 것이다. 마찬가지로 당신이 과거에 이야기한 적이 있거나 어딘가에 썼던 내용을 그대로 메모한 상대방조차도 해당 내용을 받아 적었던 것을 잊어버렸을 것이다. 만약 누군가가 당신의 이야기를 자신의 생각처럼 말하는 상황에 맞닥뜨렸을 때, '이건 내가 예전에 한 말이잖아!'라고 화를 내서는 안 된다. 아니, 오히려 기뻐해야 할 것이다.

이는 당신이 상대방에게 영향을 주었고, 상대방은 머릿속에서 당신과 같은 생각을 하게 되었으며, 그 결과 당신과 같은 결론에 도달하게 된 것이기 때문이다. 즉, 상대방의 생각을 당신과 같은 생각으로 바꾸었다고 봐야 할 것이다.

온전하게 전달된 상태는 아마도 이런 상황이 아닐까? 비록 상대방이 당신에 대한 다양한 정보를 잊어버렸다고 할지라도 그 사람의 가치관이나 가설로 도출되는 결론은 당신이 예전에 말했던 내용과 유사한 상태가 된 상황 말이다.

이는 단순히 이야기가 전달된 것을 넘어 전달하고 싶었던 내용 그 자체가 상대방의 가치관에까지 영향을 주게 된 것이므로, 이런 상황이야말로 우리가 최종 목표로 삼아야 할 모습이다.

리더의 생각과 말을 구성원 누구나 진심으로 기억하고 표현할 수 있는 상태로 변화한 팀은 강력하다. 그 정도로 완벽하게 자신의 메시지를 전달할 수 있는 리더라면 분명 프로젝트 역시 완벽하게 수행해낼 것이기 때문이다.

2장

리더의
문제 해결 접근법

08 문제는 호시탐탐 등장할 기회만을 노리고 있다

끊임없이 문제가 발생하더라도 이는 누구의 잘못도 아니다.
문제란 가장 눈에 띄기 쉬운 순간을 노리고 모습을 드러낸다.

문제는 왜 발생하는 것인가?

"개발팀 납기가 늦어질 것 같습니다."

"개발팀 직원 한 명이 출근하지 않았습니다."

"죄송하지만, 팀을 바꿔주실 수 없나요?"

"서비스 개발에 도입한 컴퓨터 언어가 처음부터 맞지 않았을 수도 있습니다."

리더로서 팀을 이끌면서 프로젝트를 추진하다 보면 반드시 다양한 문제가 발생한다. 문제의 원인은 사람일 수도 있고, 제품일 수도 있고, 시장 상황의 변화일 수도 있다. 문제는 다양한 곳에서 나날이 터져 나오지만, 리더는 언제나 문제를 인식하고 이를 해결하기 위해 심혈을 기울여야 한다.

팀 전체에 치명적인 문제가 발생할 수도 있다. 문제를 해결하지 않으면 프로젝트 자체가 좌초될 위기가 찾아올 수도 있다. 이때 리더는 자신의 오른팔과 같은 서브 리더sub leader들과 함께 문제 해결을 최우선 순위에 놓고 움직이게 된다. 어떻게든 힘을 합해 겨우 문제를 해결했을 때, 또다시 새로운 문제가 발생하게 된다.

'겨우 큰 문제를 해결했는데, 또 다른 문제가 발생했어!'

리더는 고민한다. 왜 이렇게 문제가 발생하는 것일까? 왜 커다란 문제를 해결한 직후에 또 다른 문제가 터져 나오는 것일까? 내가 무언가를 잘못하고 있는 걸까?

문제는 왜 발생하는 것일까? 물론 리더의 사소한 잘못이나 실수로 인해 발생할 수도 있다. 하지만 대부분의 문제는 프로젝트에 관여한 각 구성원이 자신의 생각대로 하고 싶은 욕심에서 발생한다. 즉, 프로젝트에 관련된 사람들이 각자의 마음속에 문제의 씨앗을 품고 있는 것이다.

그렇다면 이 문제들은 언제 표면으로 떠오르는 것일까? 인간은 무의식 속에서도 다양한 타이밍을 노리고 있다. 예를 들어, 어떠한 문제를 마음속에 눌러 담고 있는 사람은 팀 안에서 자신이 인식하고 있는 문제가 더 크게 다루어져서 좋은 형태로 해결되기를 바란다. 따라서 다른 문제가 없을 때나 해결된 뒤에 "사실은 이런 문제가 있습니다"라고 밝히는 것이다. 이것은 결코 리더를 난처하게 하려는 의도가 아니다.

성과도 마찬가지다. 조직이 그다지 대단한 성과가 없는 시기에 거둔 성과는 상대적으로 더욱 크게 눈에 들어오지만, 대등한 라이벌이 있을 때 거둔 성과는 눈에 띄지 않거나 성과의 크기가 무색해지기도 한다.

문제는 호시탐탐 등장할 기회만을 노리고 있고, 언제나 연달아 발생한다. 문제란 녀석은 스스로 가장 눈에 띄기 좋은 시기에 모습을 드러낸다. 이는 지금까지 설명한 것처럼 어쩔 수 없이 원래 그런 것일 뿐이다.

09 밤새 토론해도 다음 날 아침에는 대부분 잊어버린다

문제가 드러날 때마다 해결한다. 다음 날 다른 문제가 드러나면 또 해결한다. 끊임없이 문제를 해결해 나간다. 이것이야말로 리더가 문제에 맞서는 자세다.

밤새도록 머리를 맞대고 논의해 합의를 이끌어 냈음에도 불구하고

팀을 이끌면서 프로젝트를 추진할 때마다 리더는 지혜를 끌어모아 다양한 궁리를 할 것이다. 회의체 구성, 술자리 커뮤니케이션 등 온갖 수단과 방법을 생각해낼 것이다. 커다란 문제 해결이나 프로젝트의 방침 전환 등을 위해서 정례 회의 외에도 모든 관계자를 모아서 머리를 맞대고 장시간 회의를 할 때도 있을 것이다. 현황 정리, 과제 도출 그리고 해결 방안을 마련하는 일의 반복일지도 모른다. 때로는 툭 까놓고 이야기하자며 술집에서 몇 시간을 토론할 때도 있을 것이다.

그럼에도 불구하고 시간이 지나면 다시 팀 내에서 잡음이 나오는 경우가 종종 있다. 그래서 우리는 때때로 이렇게 화를 내기도 한다.

"그렇게 머리를 맞대서 논의하고 생각을 맞췄는데 왜 또다시 같은 문제가 발생하는 거야?"

머리를 맞대고 논의하고 합의했을지라도 대부분의 경우 그 유통기한은 다음 날 아침까지이기 때문이다. 머리를 맞대고 논의해야만 해결될 만한 문제란 과연 무엇일까? 그것은 문제라고 느끼는 사람들의 마음속이나 가치관 같은 것에서 기인하는 경우가 많다. 즉, 무언가가 문제라고 느끼는 것은 당사자에게는 당연한 일인 것이다. 이는 하루 이틀 동안 머리를 맞대고 논의한다고 해서 변할 수 있는 것이 아니다. 사람 또는 사람의 인격을 바꾸려는 것과 마찬가지기 때문이다.

그렇다면 어떻게 해결해야 할까?

방법은 문제를 팀 내부에서 떠안은 채로 목표를 향해서 달리는 것이다. 원래 문제란 완전하게 해결할 수 없는 법이다. 문제는 언제 튀어나올지 모르기 때문이다. 문제를 완전히 없애려고 하면 팀에는 오히려 피로가 쌓이게 된다. 그러므로 머리를 맞대고 논의해 프로젝트를 추진시켜야 한다.

다음 날 아침에 다시 같은 문제가 발생하더라도 낙담할 필요는 없다. 문제가 다시 생기는 것은 당신의 리더십이 부족해서가 아니다. 해결해도 다시 드러나는 문제는 관련 구성원들의 서로 다른 가치관에서 기인하기 때문이다. 자연의 섭리라고 생각해도 좋다.

문제가 드러날 때마다 해결하자. 다음 날 다시 문제가 드러나면 또 해결하면 된다. 끊임없이 문제를 해결하는 것이야말로 리더가 문제에 맞서는 올바른 자세다.

10 리더는 실패한다. 담담하게 실패를 받아들이자

열심히 전진할 때도 실패한다. 실패와 친해지기 위해서는
어느 정도의 확률로 실패할지 미리 파악해야 한다.

실패와 어떻게 친해질 것인가

리더가 어떻게 하면 실패와 친해질 수 있는지는 영원한 숙제일지도 모른다. 모든 상황에서 리더에게 실패란 떼려야 뗄 수 없는 존재다. 중요한 것은 어느 정도의 확률로 실패할지를 미리 파악하는 것이다. 아무리 성공한 사람이라도 남들이 모르는 곳에서 많은 실패를 경험하기 마련이다.

메이저리그에서 10년 연속 매년 200개의 안타를 쳤던 스즈키 이치로^{イチロー} 선수도 뒤에서는 매년 400타석 이상 범타로 물러났다. 통산 3천 승의

일본 기록을 보유하고 있는 경마 기수 다케 유타카武豊도 뒤에서는 1만 번 넘게 패배했다. 역사상 첫 7관왕을 달성한 장기 기사 하부 요시하루羽生善治는 1천 승을 달성하기까지 373번이나 패배를 겪었다. 일대일 진검 승부의 장면에서 관중들을 앞에 두고 300번이 넘는 패배를 견뎌낼 수 있는 담력이란 도대체 어떤 것일까?

어떤 일을 끝까지 추진할 때, 얼마만큼 실패할 것인지 사전에 파악하는 것은 매우 중요하다. 앞에서 예로 든 스포츠나 경쟁 경기의 경우에는 이를 파악하기가 쉽다. 야구를 예로 들자면, 일본 프로야구 역사상 4할대 타자는 존재하지 않는다. 이는 곧, 타석에 섰을 때 60%의 확률로 실패할 수도 있다는 말이다. 이러한 마음가짐으로 도전한다면 어느 정도 정신적인 긴장을 풀 수 있다.

100번 타석에 서면 60번은 범타에 머물러도 용서해줄 것이다. 물론 이것은 통계적으로 해석한 말이다. 어떤 상황에서는 반드시 안타를 쳐서 확실한 결과를 얻어야 할 때도 있다.

2009년 3월 24일에 치러진 월드 베이스볼 클래식 한국과의 결승전 연장 10회 초의 동점 상황에서, 주자는 2, 3루에 있고 타자는 이치로 선수였다. 여기서 그가 '60% 확률로 범타로 물러나도 된다'라고 생각하는 사람은 아무도 없었을 것이다. 모두가 100% 확률로 주자를 한 명이라도 홈으로 불러들이길 이치로 선수에게 기대하고 있었다. 그리고 이치로 선수는 기대에 부응하듯 결승 적시타를 때렸다.

이런 상황에서 결과를 낼 수 있는 사람은 이치로 선수와 같은 슈퍼스타뿐이다. 제아무리 프로라도 실패할 수 있다.

'실패와 패배에 얼마나 익숙해질 것인가.'

진정한 프로가 되기 위해서는 실패를 받아들이는 각오가 필요하다.

우리가 평소 몸담고 있는 비즈니스 세계에서는 어느 정도의 실패를 겪게 될까? 신규 사업은 흔히 '1천 개 중 3개'라고들 한다. 1천 가지 사업 아이디어에서 제대로 된 것은 3개 정도라는 뜻이다. (물론 이것도 정확한 통계 데이터가 있는 것은 아니다.)

프레젠테이션이 한 번 통과하려면 몇 번을 해야 할까? 투자자에게 출자를 얻어낼 경우의 수는 얼마일까? 임원을 설득해 결재를 받아낼 확률은 얼마일까? 전화로 영업 방문 약속을 잡는 경우는 얼마나 될까? 세일즈 미팅에서 서비스를 판매하는 경우는 얼마일까? 몇 번을 실패해야 한 번의 성공을 얻게 될까?

실패할 확률을 사전에 파악하지 않은 채, 열심히 일만 하는 비즈니스맨이 적지 않다. 하지만 '열 번 도전해서 한 번 성공한다'는 확률을 사전에 파악하고 일을 추진하는 사고의 전환이 필요하다.

다시 말해 아홉 번 도전해서 아홉 번 실패하더라도 '그래, 다음번에 반드시 성공할 테니 이대로 계속 열심히 하자'라고 생각할 수 있을 정도로 강한 정신력이 리더에게 필요하다.

실패의 경험이 사람을 성장시킨다

두 번이나 세 번의 실패는 아무것도 아니다. 실패한 것을 자랑스럽게 생각하고 오히려 실패 경험이 없는 것이 서글픈 상황이라고 여겨야 한다. 할 줄 아는 일만 파고들다 보면 인생은 아무것도 바뀌지 않는다. 성공할지 실패할지 모르는 일에 도전할 때야말로 크게 성장할 수 있는 기회가 있는 것이다.

물론 이런 생각으로 도전하더라도 실패했을 때는 당연히 괴롭다. 어느 정도의 확률로 실패하면 괜찮을지 사전에 파악했더라도 결과적으로 실패할 확률이 예상보다 두 배 이상이었던 경우도 있을 것이다.

내가 목표했던 모습, 내가 달성하고 싶은 꿈과 현재 내 모습과의 차이에 낙담할 수도 있다. 하지만 우리는 고통받기 위해 꿈을 꾸는 것이 아니다. 꿈을 향해서 한 걸음씩 나아가고 있는 것이다. 그렇게 느끼면서 두근거리기 위해 꿈을 꾸는 것이다.

오늘 걸었던 한 걸음은 이상과 현실의 차이를 맛보기 위한 것이 아니다. 어제보다는 꿈에 분명 가까워졌다는 것을 깨닫기 위한 한 걸음이다.

11 답이 없는 문제도 있다. 지금 당장 답이 없어도 나아가야 한다

리더가 할 일은 눈앞이 안 보이는 암흑 속에서도
묵묵히 앞으로 걸어가는 것이다.

리더가 당면할 복잡계 문제

내가 컬럼비아 경영대학원의 최고경영자 과정에서 리더십 이론 코스를 이수하던 시절의 일이다. 지도교수인 랄프 비거딕Ralph Biggadike 교수에게 리더십에 대해서 다음과 같은 내용을 배웠다.

회사라는 조직이 당면하게 되는 문제는 2가지 축으로 이해할 수 있다.

첫째, 문제에 대한 지식이나 경험 수준이 확실한 대처가 가능한 수준인가, 불확실한 상태인가.

둘째, 조직이 대처에 대한 합의가 가능한가, 곤란한가.

불확실한 데다 합의까지 어려운 문제는 그야말로 혼돈의 상태다. 반면 확실하고 합의가 가능한 문제라면 순리대로 풀어나가면 되며, 이는 비단 리더가 아니더라도 판단이 가능하다. 리더십이란 확실성과 불확실성 사이에 위치하는 문제, 합의가 가능한 것과 곤란한 것 사이에 위치하는 문제와 같은 복잡계(complex system)의 문제를 헤쳐 나가는 능력이다.

사람은 불안정한 상태를 싫어한다. 문제보다는 명쾌한 해답이 있는 편이 기분 좋고 마음이 안정된다. 하지만 기업의 프로젝트에서 이처럼 명쾌한 답이 있는 경우는 많지 않다. 대부분은 합의가 가능한지 곤란한지 판단

그림 5. 리더가 당면할 복잡계 문제

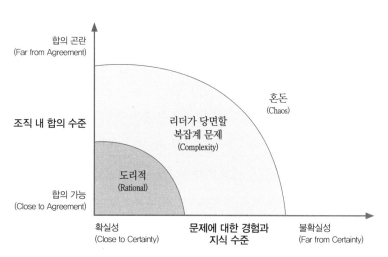

출처: 랄프 교수의 프레젠테이션 자료를 바탕으로 저자가 작성함.

할 수 없는 불편한 상태를 조절해야만 한다. 과거에 같은 경험을 했거나 같은 문제를 해결한 적이 있다면 다행이지만, 그렇지 않은 경우 프로젝트 리더는 불확실성을 품은 채로 하루하루를 견뎌내야만 한다.

랄프 교수는 이를 "Anxiety와 함께 살아간다"라고 표현했다. Anxiety란 직역하면 '걱정'이지만 여기서 의미하는 것은 '불안', '우려', '답답함'에 가깝다. 이러한 복잡계의 문제를 맞닥뜨렸을 때 리더는 적당한 불안과 우려를 내재한 문제에 달려들 필요가 있다. 다만 불안하기만 하다면 이는 좋지 않은 결과를 가져온다. 어떤 일이라도 망설임 없이 실행할 수 없게 되기 때문이다.

리더가 풀어야 하는 대부분의 문제는 결국 '사람 문제'

경영에서 가장 중요한 것은 전략을 '세우는 것'이 아니라, 전략을 '끝까지 실행하는 것'이다.

사실 전략이란 누가 생각하더라도 대동소이하다. 마케팅 전략, 가격 전략, 채널 전략, 프로모션 전략 등 전략에 관한 연수나 비즈니스 서적은 세상에 넘쳐난다. 우리의 계획은 대체로 상식적인 범위 내에서 세워진다.

다만 이를 어떻게 실행할 것인지, 어떻게 끝까지 이루어낼 것인지가 중요하다. 이때 커다란 장애가 되는 것은 대부분 사람인 경우가 많다. 예를 들어, 전략을 세웠다고 하더라도 사람들이 움직여주지 않거나 전략을 잘못 이해한 채로 전달하거나 전략에 대해 반대하는 세력이 나타나기도 하고,

전략을 수정하려고 하면 경영진을 무능하다고 손가락질하는 그룹이 나타나기도 한다. 전략의 진척도를 모니터링하고 싶지만 필요한 정보가 모이지 않는다. 수집된 정보는 이미 필터링 되어 경영의 판단을 위한 정보로서의 가치가 없어졌기 때문이다. 전략이 돌아가는 조직과 그렇지 않은 조직 사이에는 알력이 발생한다.

이처럼 전략을 실행할 때 발생하는 문제는 셀 수 없이 많다. 이런 복잡계에 속하는 문제의 대부분은 사람에서 기인한다.

시스템을 수정하는 것처럼 사람도 고칠 수만 있다면 좋겠지만, 그렇게 단순한 문제가 아니다. 시스템의 수정은 엔지니어를 모아서 프로그램을 점검하면 된다. 막대한 시간이 걸리는 어려운 업무일 수도 있지만, 시스템 어디에 문제가 존재하는지 알고 점검해야 할 곳은 정해져 있다.

이와 달리 프로그래머가 최상의 컨디션으로 프로그래밍할 수 있는 환경을 마련하는 것이 복잡계의 문제라고 할 수 있다.

문제를 정밀 조사한 결과 해결책을 찾았다면 그다음에는 이를 실행해야 한다. 실행하는 것은 사람이다. 그런데 좀처럼 실행이 진행되지 않는다.

리더가 헤쳐 나가야만 하는, 복잡계에 속하는 사람의 문제는 어떠한 사고로 맞서야 할까?

마커스 버킹엄Marcus Buckingham의 저서 ≪강점이 미래다≫에는 다음과 같은 매우 함축적인 문장이 나온다.

"저는 태어날 때부터 교육자가 아닙니다. 집중하는 타입이며, 기획하기를 좋아하고, 재깍재깍 일을 처리하는 것을 좋아하는 사람입니다. 한 가지 일을 처리하고 나서 다음 일을 하고 싶습니다. 말하자면, 어떠한 것들을 하나하나 정리해나가는 것을 좋아합니다. 제 입장에서는 사람에 관한 문제에서 속상한 것은 끝이 없다는 점입니다. 사람은 언제나 진행 중인 일과 같습니다. 저에게는 이런 진행 상황을 마주하는 것이 화가 날 정도로 어려운 문제입니다."

정신과 의사의 의료 상담도 이와 비슷한 점이 있을 것이다. 의사는 내담자의 업무 내용이나 현재 고민, 최근 일주일간 일어난 일 등을 담담하게 들어준다. 골절이나 감기와는 달리, 정신과에서는 환자가 언제 나았는지, 어떻게 낫게 할 것인지를 명확하게 정의하기 어렵다. 치료의 진행 상황을 파악하기가 무척 어렵기 때문이다.

의학은 이공계 학문이다. 의사는 이른바 이공계 두뇌를 가지고 있다. 학생 시절의 성적은 당연히 우수하며, 답이 명확한 수학이나 물리가 특기였던 사람이 대부분일 것이다. 이러한 사람들에게 진척 상황이 뚜렷하지 않은 일을 상대하는 것처럼 고통스러운 일도 없지 않을까?

끝이 없는 일. 진행되고 있는지, 진행되고 있지 않은지조차 알기 어려운 일. 합의할 수 있는지, 합의할 수 없는지도 모르는 일. 그러한 복잡계의 문제에 대처하면서 수백, 수천 명의 사람들을 이끌고 나간다는 것. 그러한 문제가 존재하고 문제를 해결해야 하는 일이 존재한다. 이것이야말로 리더의 일이라고 할 수 있다.

현재 당신이 어떠한 문제로 고민이라면 거기에는 복잡계의 요소가 뒤섞여 있을 수도 있다. 그렇게 생각하면서 머릿속을 한번 정리해보는 것도 좋을 것이다. 프로젝트가 혼돈의 상태로 빠져들었더라도 그것대로 괜찮다. 그대로 문제와 함께 달려 나간다고 생각해보자.

12 올바른 일을 선택할 수 없다면, 지금 하는 일을 올바르게 해내자

리더에게 요구되는 것은 '올바른 방법 찾기'가 아니다.
팀이 해야 할 일을 한마음이 되어 추진하고 목표를 달성하는 것이다.

중요한 것은 가설에 집착하는 것이 아니라 눈앞의 과제를 해결하는 것이다

팀을 이끌어 가면서 과제에 맞닥뜨렸을 때, 혈기 왕성한 젊은 팀원이 이런 제안을 한다.

"이 과제는 이렇게 해결해야 합니다."

또는 팀장급으로부터 이런 상담을 받기도 한다.

"업무를 진행시키기 위해 팀원에게 지시를 했더니 업무 처리 방식이 잘 못되어 있었습니다. 부하들이 올바른 방법으로 진행하도록 하려면 어떻게 해야 할까요?"

눈앞의 과제에 대해 스스로 가설을 세우고, 해결 방법을 생각하는 것 자체는 훌륭한 일이다. 그러나 자신의 해결책만이 맹목적으로 최고라고 생각하는 태도는 문제가 된다.

앞의 사례에서 팀원과 팀장은 자신이 생각한 해결책이 옳다는 것을 전제로 이야기를 하고 있다. 나아가 그들은 이를 반드시 실행해야 한다고 생각하고 있다. 그러나 리더로서 중요한 것은 눈앞의 과제를 해결하는 것이다. 올바른 관리 방법이라고 생각하는 해결책을 추진하는 것이 목표가 아니다.

스스로의 가설에 대해 자신감을 갖는 것은 중요하지만 목표를 착각해서는 안 된다. 부하를 관리할 때도 자신의 방법이 절대적으로 옳다고 생각하며 진행시키는 경우, 지금은 알지 못하는 보다 새롭고 훌륭한 방법이 나타났을 때 이를 선택하는 것을 주저하게 만든다.

또한 자신이 옳다고 생각하는 것을 추진시키려는 경우, 의견이 맞지 않는 팀원과의 사이에 의견 충돌이 일어나기도 한다. 이러한 충돌에서 알력이 발생하고, 팀이 붕괴되는 경우도 있다.

그렇다면 의견이 대립되는 두 사람의 목표는 무엇인가? 이는 조직에서 과제를 해결하는 것이다. 결코 서로가 주장하는 방법을 실행하는 것이 아니다. 자신의 방법으로 진행할 것을 고집하는 것은 단지 자존심 싸움일 뿐이다.

가장 짧은 시간에 효율적으로 과제를 해결하려는 공통 인식을 갖고 있다면, 과제는 반드시 올바른 방향으로 나아가서 해결된다. 이러한 상황에서 리더에게 요구되는 것은 무엇이 옳은 것인지를 선택하는 것도 아니며, '올바른 방법이란 무엇인가'를 분석하고 탐구하는 것도 아니다.

조직은 과제를 가능한 빨리 해결하는 것이 중요하다. 팀 내에서 다양한 방안이 나왔을 때, 리더는 그중에서 팀이 결정한 사안을 팀원들과 한마음이 되어 추진하고 매일매일 개선하면서 목표를 향해 나아가야 한다. 즉 '지금 하는 일을 올바르게 하는 것'이 필요하다.

*　*　*

다음 장에서는 팀 빌딩team building*에 대해서 살펴볼 것이다. 그전에 내가 경험한 것들을 정리해두려 한다.

나는 노무라 종합연구소에서 경영 컨설턴트로 9년간 재직한 뒤, 모바일 소셜 게임 벤처 그리GREE에서 약 2년간 근무했다. 그러던 중 싱가포르로 이주해 그곳을 중심으로 몇 개의 회사를 세우고, 일본으로 귀국해 2개의 회사

· 역주: 팀원 개개인의 기술과 역량, 경험을 최대한 이끌어내어 목표를 달성하는 조직으로 만들어 나가는 일.

를 더 세웠다. 회사의 피인수 등도 두 회사에서 경험했다. 지금까지 투자받은 자금 총액은 10억 엔(약 105억 원)이 넘는다.

컨설팅 프로젝트는 지금까지 100개 가까이 경험했으며, 그사이 많은 팀원들에게 도움을 받았다. 싱가포르에서 창업한 뒤로는 다국적 멤버로 구성된 팀을 꾸렸던 때도 있었다. 일본에서 세운 스타트업은 창업한 뒤 2년 남짓하여 사원 수가 60명 이상 급성장했지만, 이후 시장 환경이 급변해 20명 가까이 줄었고, 최종적으로는 상장 기업의 연결 자회사로 회사의 방향을 돌린 경험도 있다.

시가총액이 1조 엔을 넘는 대기업에서부터 몇 명이서 독립한 회사까지 다양한 규모의 팀 빌딩에 관여했다. 다양한 팀을 꾸리고, 맡은 프로젝트를 추진시키는 과정에서 많은 실패도 경험했다. 이러한 경험에서 배운 것들을 다음 장에서 소개하려 한다.

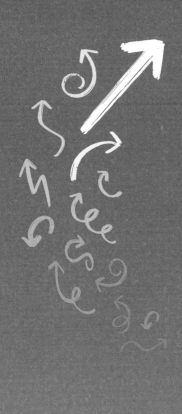

3장

리더로서
팀 빌딩 하기

#1 스타트업 편

[0에서 1까지의 초기 단계]

창업 초기, 사업이 좀처럼 나아가지
않을 때

13 0에서 1을 만들 때 가장 중요한 것은 '과제 설정'과 '철저한 공유'

시작 단계에서 리더가 꼭 해야 하는 일은 '사업을 어떻게 추진할 것인가'가 아니라, 과제(비전)를 깊게 파헤치고, 이를 팀원 전원에게 철저하게 공유하는 것이다.

스타트업 리더에게 요구되는 것

나는 지금까지 아시아에서 5개의 회사와 일본에서 2개의 회사를 설립하면서, 이른바 0에서 1까지의 단계를 경험했다. 창업한 순간은 특별한 환경이다. 새로운 출발이므로 대부분의 팀은 흥분 상태가 된다. '해보자! 성공시키자! 세상을 바꿔보자!' 같은 열정과 투지가 넘친다.

한편, 사업을 진행시키는 것은 무척 어렵다. 왜냐하면 해야 할 일이나 업무가 명확하게 정해져 있지 않기 때문이다. 이것을 진행해도 될지, 여기에 힘을 쏟아도 될지, 눈앞에 펼쳐지는 모든 업무에 불안을 느끼는 것이 이 단계다.

그럴 때 리더, 이른바 스타트업 사장의 고민은 오로지 어떻게 하면 사업을 추진시킬 수 있을지에만 집중된다. 예를 들면 업무를 더욱 세분화시켜야 하는지, 더 많은 가설을 생각해야 하는지, 팀원 전원이 합숙하면서 서비스의 기능 상세화를 추구할 것인지 등이다.

이런 생각은 어느 것 하나도 틀리지 않았다. 프로젝트를 진행하는 과정에서 반드시 필요하다. 그러나 0에서 1을 세우는 단계에서 리더가 가장 주력해야 할 것은 의외로 사업을 어떻게 추진할 것인지가 아니다.

리더가 해야 할 일은 만들어 나갈 서비스의 과제 설정에 깊게 파고드는 것이다. 바꿔 말하면 '비전 설계'라고도 할 수 있다. 왜 이 서비스가 필요한지, 왜 우리 팀이 그 일을 담당해야 하는지, 왜 우리 회사가 존재하는지, 왜 사회가 이를 필요로 하는지 비전을 세우는 것이다. 0에서 1까지의 서비스를 만들 때, 창업자와 설립 멤버 마음속에는 무언가 표현하기 어렵고 말로 설명하기 어려운 그 서비스를 세상에 선보임으로써 해결하고 싶었던 어떤 과제가 있을 것이다. 그 과제란 무엇인가? 왜 그 과제를 푸는 것이 중요한가?

0에서 1까지의 단계에서 리더는 사업 추진이나 구성원의 업무 관리보다는(물론 그런 것도 매우 중요한 일이다), 팀이 해결해야 하는 사회의 과제를 보다 깊이 이해하고 이를 반복해 구성원에게 전달하고 논의하는 것이 무엇보다도 중요하다.

2012년 말, 나는 싱가포르에서 첫 창업을 했다. 일본도 아닌 해외에서 말이다. 회사가 맨 처음 손을 댄 일은 카오스 아시아The CHAOS ASIA라고 하는 이노베이션 피칭innovation pitching* 이벤트였다. 이는 IT뿐만 아니라, 교육, NGO, 영화, 식음료, 건축 등 8개 분야에서 다양한 국적의 흥미로운 인재들을 모아서 3분간 피칭하는 이벤트를 여는 것이었다. 이틀간 등단자 수는 88명으로 설정했다.

이벤트를 준비하면서 업무를 나누고 역할을 분담했다. 우선 분야별 담당자를 결정하고 타깃 국가를 선정했다. 각국의 각 분야에서 피칭에 적합한 인재에 대한 정보를 조사해, 눈에 들어오는 후보가 발견되면 그 사람에게 직접 연락을 하고 진행 상황을 관리해 나갔다. 모든 것이 필요한 업무였다. 나는 역할 분담을 명확하게 하고 진행 방법을 만들어 갔다.

그러나 그것만으로는 앞으로 나아갈 수 없었다. 왜 내가 이런 피칭 이벤트를 만들려고 했는지, '왜'라는 과제 설정이 구성원에게 온전하게 전달되지 않았기 때문이다.

내가 피칭 이벤트를 기획한 이유는 아시아에 혁신의 성지를 만들고 싶었기 때문이다. 미국 텍사스 주 오스틴에서는 매년 3월에 SXSWSouth by Southwest라는 이벤트가 개최된다. 영화와 음악 그리고 IT를 융합한 시끌벅적한 축제 같은 이벤트다.

그 이벤트에서 지금까지 2명의 혁신가(innovator)가 탄생했다. 한 명은 2002년 3월 이벤트에 등장한, 당시 무명이었던 노라 존스Norah Jones였다.

---

* 역주: 사업 아이디어나 모델을 투자자에게 소개하고, 이를 통해 투자금을 유치하는 행위를 말한다.

사람들은 마음을 흔드는 허스키한 그녀의 노랫소리에 매료되었다. SXSW 라는 시끌벅적한 축제 속에서 그녀의 노랫소리는 당시 유행했던 SNS인 마이 스페이스My space를 통해 단숨에 세계로 퍼져 나갔다.

또 다른 한 명은 2007년에 등단한 트위터 창업자인 잭 도시Jack Dorsey다. 그는 청중들에게 "이봐, 난 살짝 지저귀는 트윗tweet 서비스를 만들어봤다고"라고 말했다. 이 스테이지에서 가볍게 '트윗'해보자는 움직임이 퍼져 나갔다.

음악과 IT가 융합된 이 이벤트는 노라 존스와 트위터가 세계로 뻗어 나가는 계기 중 하나가 되었다.

완전히 다른 분야의 사람이 뒤섞이면 그곳에서는 자연스럽게 혁신이 발생한다. 그래서 8개 분야에서 국적에 상관없이 등단자를 모집했던 것이다. 88명의 등단자에게 주어진 시간은 3분 남짓이었고, 주최 측에서는 소개도 하지 않았다. 돌발적인 만남을 연출하기 위해서였다. 등단자는 각자가 가진 시간 안에 자신의 인생과 살아온 길을 펼쳐 보인다.

노래하는 사람, IT 애플리케이션을 어필하는 사람, NGO 입장에서 사회적 과제를 호소하는 사람. 예상하지 못한 융합이 혁신을 낳게 된다. 나도 그런 무대를 아시아에 만들고 싶었다. 그것이 카오스 아시아를 추진한 이유였다.

'아시아에 혁신의 성지를.'

이러한 나의 과제 의식을 만나는 사람마다 역설했다. 팀원에게도 몇 번이고 역설했다. 싱가포르 정부에도 프레젠테이션을 했다. 몇 번이고 그 과제를 전달하자 드디어 팀 내에도 그것이 침투되었고, 그 후 프로젝트는 크게 움직이기 시작했다.

2013년 11월, 마침내 싱가포르에서 제1회 카오스 아시아를 개최할 수 있었다. 등단자는 88명, 참가자의 국적은 32개국, 이틀간 참가자 수는 500명이었다. 싱가포르 정보통신 개발청 IDAInfocomm Development Authority of Singapore도 공인한 이벤트였다.*

지금까지도 당시의 등단자들과는 연락을 주고받고 있다. 주최자와 등단자라는 업무적인 관계가 아니라, 아시아에 혁신의 성지를 만들고자 했던 동지 같은 마음으로 이어진 것이다.

0에서 1을 만들 때, 리더가 반드시 해야 하는 가장 중요한 일은 오로지 과제 설정이다. 그리고 왜 이 서비스가 필요한지, 왜 이것을 추진할 필요가 있는지, 왜 이것을 사회가 바라고 있는지, 팀원 전원에게 과제를 철저하게 공유해야 한다. 이러한 공통 인식을 만드는 것이 서비스를 만들어나갈 때 무엇보다 중요하다.

· https://www.youtube.com/watch?v=dGLdafQd2QU

#1 스타트업 편

[1에서 10까지의 성장 단계]

초기에서 50명 규모로 확대될 때

14 성장기와 확대기 조직에 중요한 것은 신구 구성원 간의 대립 해소다

이 문제를 해결한 조직만이 오로지 다음 스테이지로 올라설 수 있다.

급성장하는 조직의 리더가 반드시 생각해야만 하는 것

내가 일본에서 설립한 라스트루츠LastRoots는 창업한 뒤 일 년이 지났을 때까지 사원 수가 10명 남짓이었다. 그러나 6개월 뒤, SBI 그룹으로부터 제3자 증자를 할당받아 회사를 크게 성장시킬 수 있었고, 다시 일 년이 지난 뒤에는 파견 사원과 업무 위탁 직원 등을 포함해 60명이 넘는 대가족이 되었다. 일 년 만에 사원 수가 여섯 배나 커진 것이다.

회사가 커지면서 앱이나 웹서비스 개발 추진, 사업 개발, 영업 확장, 회사 기능 정비, 관공서 응대 등 담당 업무도 다양해졌다. 인원수가 늘어나면서 팀도 더욱 커지고 사업도 탄력을 받게 될 터였다. 직원 수가 두 배가 되면, 사업 추진 속도도 두 배, 아니 그 이상으로 올라갈 것으로 기대했다. 그런 기대를 가지고 더욱 몸집을 키워나갔다.

당시 나는 리더로서 반드시 신경 써야 하는 것이 프로젝트 관리와 팀원의 업무 관리이며, 이를 통해 사업의 추진 속도를 올릴 수 있다고 생각했다. 하지만 직원이 늘어나도 개발 속도는 올라가지 않았다. 도리어 어떤 기능을 개발해야 하는지, 어떻게 개선하는 것이 가장 좋을지, 개발 일정은 어떤 순서대로 좋을지 등의 논의만 계속되는 날이 이어졌다.

나는 애당초 문제가 프로젝트 관리와 각 구성원들의 역할 분담에 있다고 착각하고 있었다. 그 때문에 회의체를 재설정하고 사원들과 면담하는 데 시간을 쏟았다. 그렇게 하면 프로젝트가 효율적으로 잘 추진될 것이라고 생각했기 때문이다.

그러나 이러한 노력은 아무런 결실도 맺지 못했다. 효율적이긴커녕 직원이 늘어남에 따라 비효율적인 점들이 눈에 띄기 시작했다. 문제는 프로젝트의 추진 방법에 있었던 것이 아니라, 프로젝트를 추진하는 구성원들의 기분에 있었다.

성장기 팀의 문제는 신구 구성원 간의 대립에서 시작된다

당연한 말이지만, 창업 초기의 스타트업은 무명 회사나 다름없다. 아무리 숭고한 비전을 내세우더라도, 오랜 기간 알고 지낸 사이가 아니라면 지인이나 지인의 소개조차 없는 사람이 입사할 가능성은 제로에 가까운 것이 현실이다. 그런 의미에서 창업 초기에 입사하는 직원들은 다소 거친 표현일지 몰라도 '무모한 사람'이다.

그러다가 사원이 10명을 넘어 자금을 조달할 즈음이 되면, 회사의 이름도 업계에 알려지기 시작한다. 비전이나 서비스 내용에 공감하는 사람들이 나타나게 되고, 스타트업에서 대박을 터트리고 싶은 '자신감 넘치는 사람'이 입사하게 된다. 그제야 사원들은 스스로 자신감이 붙게 되고, 세상을 바꾸는 비전에 대해서도 의욕적인 경향이 강해진다. 더 나아가서 사원 수가 50명 정도 되면, 이번에는 '일 잘하는 사람'이 입사하기 시작한다. 회사가 성장하는 과정에서 조직에 필요한 업무가 점점 명확해지는 시기이므로 회사가 바라는 것은 해당 업무 경험이 있는 인재다.

이 시기에 채용되는 사람은 각 업무 분야에서 실적과 커리어를 어느 정도 쌓은 상태다. 이런 상황에서 창업기의 무모한 사람(①), 성장기의 자신감 넘치는 사람(②), 확대기의 일 잘하는 사람(③) 등의 신구 구성원들 사이에서 대립이 시작된다.

예를 들어, 창업기 사원 ①은 회사가 커질수록 회사가 필요로 하는 일이나 업무가 다양해지면서도 여전히 인재가 없기 때문에 아이디어를 짜내 대처해왔다. 그에 반해서 확대기에 입사한 사원 ③은 실무 경험이 풍부하고 처리 방법도 숙지하고 있는 상태다. 따라서 창업기 사원이 짜낸 아이디어와 확대기 사원이 실무에서 경험한 방법 사이에는 의견 차이가 발생할 수밖에 없다. 게다가 창업기 사원은 20대인데, 나중에 들어온 실무 경험이 풍부한 확대기 사원이 40대라면 갈등의 골은 더욱 깊어진다.

창업기 사원 ①과 다음에 입사한 성장기 사원 ② 사이에도 균열이 발생하기 쉽다. 성장기 사원은 매사에 저돌적이고 의욕적이다. 경험해보지 않은 업무도 '자신이라면 이렇게 하겠다, 자신이 생각한 방법이 가장 효과적일 것이다'라는 마인드로 업무에 매진한다. 물론 회사의 입장에서 그러한 저돌적인 태도는 매우 고마운 부분이다.

하지만 회사가 미지의 영역에 도전하는 업무를 추진하려고 할 때, 창업기 사원 ①의 자부심과 자신감이 넘치는 성장기 사원 ②의 의욕 사이에 커다란 충돌이 생겨난다. 이때는 옳고 그름을 판단하기가 몹시 어렵다.

창업기 사원 ①과 성장기 사원 ② 그리고 나중에 입사한 확대기 사원 ③과의 사이에도 일에 대한 가치관의 차이에서 기인하는 응어리가 생겨나기 시작한다. ①과 ②를 포함하는 이른바 초기 멤버는 열정이 넘치고 개발한 서비스로 사회를 개혁하고자 하는 강한 사명감을 가지고 있기 때문에 조직 입장에서는 매우 든든한 구성원이다. 한편, 확대기 사원 ③이 입사할 즈음부터는 일과 삶의 균형을 뜻하는 워라밸work and life balance의 준말을 중시하는 사람들이 많아진다. 물론 그들도 열심히 일한다. 다만 24시간 일하지는 않는다. 일도 소중하지만 더욱 소중한 것들도 있기 때문이다. 그들이 같은 팀에서 일하기 시작하면 그러한 열량의 차이가 서서히 응어리가 생기기 시작한다.

그러므로 다양한 인재가 늘어나기 시작한 확대기에 리더가 해야 할 중요한 일은 신구 구성원 간의 대립과 응어리를 찾아내 이를 해소해주는 것이다.

조금 더 정서적으로 표현하자면, 먼저 입사한 사원이 아기처럼 구는 상태가 되기도 한다. 나중에 들어온 사원은 회사에 든든한 존재다. 회사가 필요로 하는 실무에 확실한 경험이 있기 때문이다. 이는 초기 멤버에는 없는 능력인 경우가 많다. 이때 창업기 사원은 무의식적으로 나중에 들어온 사원을 질투하기도 한다.

성장기나 확대기에 사업을 추진하는 데 필요한 것은 먼저 입사한 사원이 나중에 입사한 사원을 '받아들일 수 있는 토양'을 만드는 것이다.

창업기 사원에게도 회사가 성장해나가는 과정에서 반드시 필요한 역할이 있다. 사원 하나하나의 존재 이유는 무엇인지 회사 전체가 공통 인식을 가지는 것이 중요하다. 한편 조직으로서 신진대사가 필요할 때도 있다. 회사는 창업기와 성장기, 확대기에 바라는 인재가 분명히 다르다. 창업기에 막대한 공헌을 한 초기 멤버가 퇴사하는 시기가 올 수도 있다. 사원이 급속하게 늘어나면서 그만두는 사원도 나오기 시작한다.

성장기의 리더가 무엇보다 신경 써야 할 점은 신구 구성원 간에 생겨난 균열을 파악하고 이를 최소화하는 것이다. 이를 위해선 각각 담당해야 할 역할을 신구 구성원 전원이 동일하게 인식할 수 있도록 지속적으로 전달하는 것이 중요하다.

#2 대기업 편

[구성원들의 사기가 좀처럼 오르지
않을 때]

15 팀원들의 사기가 오르지 않는 원인은 바로 나였다

중요성과 필요성을 구성원에게 꾸준히 전달하자.
서로가 서로를 필요로 한다는 공통 인식을 가진 팀은 강하다.

부하들의 사기를 끌어올리는 리더십이란

기업에서 근무하는 직장인은 어떤 프로젝트를 맡아서 몇 명의 부하 직원을 두게 되었을 때 큰 흥분을 느끼게 된다. 하지만 프로젝트를 진행하다 보면 열이면 열, 다음과 같은 상황과 마주한다.

- 업무를 맡긴 부하가 내 생각처럼 움직여주지 않는다.
- 부하가 자율성과 책임감을 갖고 업무에 집중하지 않는다.

- 납기를 정하고 프로젝트를 시작했지만, 부하에게 기대했던 성과가 나오질 않는다.

이럴 때 리더의 머릿속에 떠오르는 물음은 다음과 같을 것이다.

'어떻게 부하들을 관리하면 좋을까?'
'어떻게 부하들을 움직일 것인가?'

부하들의 사기가 오르지 않는 상태일 때 알아야 할 점은 그 원인이 부하들의 관리 방법에 있는 것이 아니라 리더인 당신에게 있다는 것이다. 현장 직원들의 사기가 떨어져 있거나 부하가 자율적으로 움직이지 않는 상황에 처했을 때, 리더는 무조건 업무 내용을 더 상세하게 전달하려고만 한다. 또는 일정 관리를 보다 꼼꼼하게 하려고도 할 것이다.

하지만 그것만으로는 아무것도 변하지 않는다. 부하도 바뀌지 않는다. 부하는 상세한 업무를 알고 싶거나 진행 방식에 대해 구체적이고 자세한 지시를 원하지도 않았기 때문이다. 문제는 바로 리더인 당신에게 있다.

사람은 어떤 순간에 사기가 솟구칠까? 그것은 '중요하다고 생각하는 일을 할 때'와 '그 일이 나를 필요로 할 때', 이 2가지다.

부하에게 맡긴 업무가 얼마나 중요한 것인지, 프로젝트 전체에 어떤 영향을 주고, 그것이 프로젝트의 명운을 어떻게 좌우하게 되는지 알려주자. 그리고 명운의 열쇠를 쥐고 있는 것이 자신(부하)이며, 업무를 마무리하지 않으면 난처하다(즉, 당신을 필요로 하고 있다)는 것을 이해시키는 것이 중요하다.

업무는 바뀌지 않는다. 해야 할 필요가 있는 일이기 때문이다. 현시점에서 부하의 기술이 바뀌는 것도 아니다. 부하의 기술이란 프로젝트를 통해 비로소 향상되기 때문이다.

업무를 맡긴 부하가 생각처럼 움직여주지 않는 상황을 바꿀 수 있는 사람은 오직 리더밖에 없다. 그리고 그 해결책은 리더의 언행에 있다.

업무는 목표만 전달하고 그 뒤로는 간섭하지 않고 방치할 것인지, 업무 진행 방법을 포함해 한 발짝 한 발짝 함께 움직일 것인지를 정하는 것은 리더십과 관계가 없다. 개인의 성격 문제일 뿐이다. 가능한 방치하는 것을 바라는 부하도 있을 것이며, 밤늦게까지 미팅에서 논쟁을 벌이면서 상사(리더)와 함께 일에 몰두하고 싶은 부하도 있을 것이다. 부하들과 어디까지 함께할 것인지는 부하의 성격에 맞춰 적절하게 판단하면 된다.

프로젝트를 이끄는 리더가 끊임없이 고민해야 하는 것은 부하에게 맡긴 업무가 얼마나 중요한지, 얼마나 자신을 필요로 하고 있는지를 끊임없이 전달하는 것이다.

나는 노무라 종합연구소에서 경영 컨설턴트로 약 9년간 일했다. 재직 기간 동안 진행한 프로젝트는 100개 정도였던 것으로 기억한다. 리더로서 프로젝트를 담당하는 역할을 맡았을 때, 처음에는 팀원을 움직이는 것만으로도 매우 고생했다. 마지막에는 리더인 내가 뒤처리를 하고 어떻게든 보고서를 정리하기도 했다. 이처럼 프로젝트 팀 전원의 역량을 충분히 활용하지 못할 때, 난처해지는 것은 바로 나 자신이다.

팀원의 사기를 높여주는 리더십이란, 조직에 있어 팀원이 얼마나 중요하고 필요로 하는 사람인지를 팀원에게 꾸준히 전달하는 것임을 것을 깨닫고 나서부터 내가 반드시 하는 일이 있다. 예를 들어, 클라이언트에게 프레젠테이션을 마치고 사무실로 돌아가는 택시 안에서 팀원에게 이렇게 말하는 것이다.

"오늘 프레젠테이션 자료 중에서 자네가 작성한 페이지가 큰 도움이 되었어."

나는 팀원이 작성한 자료를 볼 때 가장 주력했을 것이라고 생각하는 포인트를 항상 찾아낸다. 클라이언트에게 중요한지 아닌지가 아니라, 그 팀원이 가장 힘을 쏟은 곳이 어디인지, 팀원이 프레젠테이션을 할 때는 언제나 이를 생각하면서 듣도록 노력하고 있다. 그리고 힘을 쏟았다고 생각한 부분에 대해서 돌아가는 길에 위와 같이 말을 건넨다.

리더가 건네는 '도움이 되었다'는 말은 2가지 의미를 내포하고 있다. 한 가지는 중요한 업무를 해준 덕분에 도움이 되었다는 의미이고, 다른 한 가지는 당신을 필요로 한 일을 위해 있어 줘서 감사하다는 의미다.

서로가 서로를 필요로 하는 공통 인식을 가진 팀은 반드시 성장해 나갈 것이다.

#2 대기업 편
[새로운 사업 계획이나 영업 제안이
번번이 퇴짜를 맞을 때]

16 잘나가는 팀은 상대방의 입장에서 제안한다

"적을 알고 나를 알면 백전백승이다."
자신이 무엇을 하고 싶은지가 아니라, 상대방이 무엇을 해주었으면 하는지에
의식을 집중한다.

기획 내용 다듬기에 전력을 쏟는 것만으로는 부족하다

'어째서 저 자식의 기획은 항상 통과할까?'

이런 씁쓸한 경험을 가진 사람이 많을 것이다. 나와 우리 팀의 기획은 왜 항상 임원 회의를 통과하지 못하는지, 어디에 문제가 있는 것인지, 통과하는 기획과 그렇지 못한 기획의 차이는 무엇인지, 어떻게 리더십을 발휘해야만 우리 팀의 기획도 통과될 수 있을지 궁금한가?

통과되는 기획과 그렇지 않은 기획에 대해 나의 경험에서 말을 하자면, 통과되지 않는 기획에는 한 가지 특징이 있다. 그것은 기획 내용을 예쁘게 다듬는 것에만 치중하고 있다는 점이다. 팀이 한 몸이 되어 기획 내용을 다듬는 데 전력을 기울이더라도 그 기획이 결재를 통과할 확률이 높아지진 않는다.

우리가 생각해야만 하는 것은 누가 그 기획의 프레젠테이션을 듣는지다. 프레젠테이션을 듣는 사람이 지금 무엇을 생각하고 있는지, 얼마나 관심을 가지고 있는지, 기획 테마의 분야에 대해서 어떠한 과제 의식을 가지고 있는지, 우리 팀은 어떤 단어를 써야 통과할지, 어떤 키워드가 꽂히게 될지 알아야 한다.

손자(중국 춘추전국시대의 전략가)는 "적을 알고 나를 알면 백전불태百戰不殆"라는 말을 남겼다. 이 말을 회사의 프레젠테이션에 적용하면, 적은 프레젠테이션을 듣는 상대방이라고 할 수 있다. 나를 안다는 것은 자신의 기획 내용을 꿰뚫고 있다는 뜻이다.

그러나 자신만을 바라보는 한, 기획은 통과되지 않을 것이다. 기획을 통과시키기 위해 그 내용에만 집착하고 있는 동안 우리는 막다른 골목에 들어가기 일쑤다. 생각하면 생각할수록 시야는 좁아진다.

상대성 이론을 확립한 아인슈타인은 이런 말을 남겼다.

"사람의 가치에서 중요한 점은 그 사람이 얼마나 자기 자신으로부터 해방되어 있는지에 따라 결정된다."

얼마만큼 자신의 집착과 기대에서 해방되어 기획을 듣는 상대방의 입장이 되어 생각할 수 있을까? 열에 아홉은 상대방을 생각하고 상대방의 기분까지 고려하여 기획 내용을 다듬어 보자. 그래야 비로소 처음으로 자신이 말하고 싶었던 것 중 하나가 전달된다. 내가 하고 싶은 것이 아니라 상대방이 무엇을 하고 싶은지, 마치 심부름꾼처럼 상대방의 요구를 듣고 프레젠테이션을 하는 것이 기획을 통과시키는 열쇠다.

내가 컨설턴트였던 시절의 일이다. 클라이언트에게 프로젝트를 수주하기 위해서는 경쟁사를 꼭 이겨야 했다. 리더로서 첫발을 내딛은 그 시절에는 새벽까지 철야하며 팀원들과 논쟁을 하고 화이트보드에 글자를 휘갈겨 쓰면서, 좋은 프레젠테이션 자료를 한 장이라도 더 많이 만들기 위해 고심했다. 밤 11시에 팀원을 소집해 화이트보드에 필요한 자료를 쓰면서 그 자리에서 업무 분담을 하고, 새벽 1시에 마감을 했다. 앞으로 5장만 자료를 보충하면 논리가 단단해질 것만 같아 제안 내용을 다듬고 또 다듬었다.

그리고 새벽 3시에 귀가해 샤워를 하고 잠깐 눈을 붙였다. 아침 10시에 클라이언트를 상대로 프레젠테이션이 시작되었다. 어제 늦게까지 노력한 것이 자신감으로 이어지고, 자신감은 과신으로 바뀌었다(물론 제안은 통과되지 않았다).

그렇게 계속된 프레젠테이션에도 불구하고 우리 팀은 번번이 실패했다. 도대체 무엇이 문제였을까? 횟수를 거듭할수록 자료는 잘 다듬어졌다. 분석 또한 말할 것도 없었다. 제안 내용을 보강하기 위한 타사의 사례, 마케팅 리서치 등 결과물에는 허점이 보이지 않았다. 밤늦게까지 작업했다는 흥분으로 아드레날린이 분출되어, 여느 때보다 50% 이상 이길 수 있을 것 같은 자신감이 가득했다.

그럼에도 불구하고 우리 팀은 실패했다. 리더인 나를 포함해 팀원 누구도 프레젠테이션을 듣는 상대방에 대해 알지 못했던 것이다. 두꺼운 자료는 상대방에게 별로 중요하지 않았다.

클라이언트에게는 추진하고 싶은 것이 있으며 이를 표현하는 자신만의 단어가 있었다. 발표자가 그 단어를 말하지 않는다면 제안은 통과되지 못한다. 제안 내용이 클라이언트의 생각에 가까워도 단어를 잘못 사용한다면 클라이언트에게는 맥을 제대로 짚지 못한 것이 되기 때문이다.

자신만의 집착과 기대에서 해방되는 것이 중요하다는 것을 깨달은 이후부터 나는 한밤중까지 나만의 세계에서 제안서를 다듬는 행동을 그만두었다. 그런 것보다 빈손으로 클라이언트를 만나러 가서 진짜로 원하는 것이 무엇인지 수많은 질문을 하기 시작했다. 그렇게 함으로써 클라이언트와 나의 공통 인식을 점점 더 키워 나갔다.

상대방에게 질문을 하나 할 때마다 프레젠테이션 경쟁에서 한 걸음 더 승리에 다가갈 수 있다.

나는 팀원들에게도 그렇게 전달하고 있다.

#3 역사 편

[아폴로 13호와 컬럼비아 호,
성공과 실패를 가른 공통 인식]

17 리더가 만들어내는 최초의 공통 인식이 성공과 실패를 좌우한다

기껏해야 공통 인식, 그럼에도 불구하고 공통 인식.
문제가 발생했을 때, 이를 얼마만큼 조직 내의 '공통 인식'으로 만들 것인가?
모든 문제에 대한 대처는 여기에서 결정된다.

휴스턴, 문제가 발생했다

창업기 스타트업이나 대기업에서 프로젝트를 추진하기 위해서는 다양한 상황에서 구성원 간의 공통 인식을 다지는 것이 열쇠가 된다고 앞에서 이야기했다. 이번에는 역사를 되돌려 리더가 어떻게 공통 인식을 만들었는지 또는 반대로 만들지 못한 것이 원인이 되어 어떻게 실패에 이르렀는지를 과거에 실제로 일어났던 사건을 통해 '공통 인식'의 중요성을 살펴보겠다.

'Building common ground'를 직역하자면 '공통의 기반을 구축한다'로 해석할 수 있다. 풀어서 말하자면 '공통 이해를 가지다, 공통 인식을 구축하다'라는 것을 의미한다. 비즈니스 현장에서 이처럼 중요하면서도 경시되기 쉬운 말도 없을 것이다.

경시라는 표현은 오해를 부를지도 모른다. 사업을 시작하거나 회의를 할 때, 그 배경에 관한 '공통 인식'을 가질 필요가 있다는 것에 이의를 제기할 사람은 없을 것이다. 그럼에도 불구하고 '공통 인식' 없이 많은 회의와 다양한 사업이 진행되고 있다. 수많은 회사가 이렇게 움직이고 있다.

2가지 사례를 소개해 보겠다. 1970년에 발생한 아폴로 13호의 사고와 2003년에 발생한 우주왕복선 컬럼비아 호의 사고다.

아폴로 13호는 승무원 전원이 무사히 지구로 귀환했지만, 컬럼비아 호는 안타깝게도 대기권으로 재진입할 때 공중분해되는 미증유의 사고를 당해 승무원 전원이 돌아올 수 없는 사람이 되었다. 두 사건의 결말이 달라지는 데 결정적인 역할을 한 것이 바로 '공통 인식의 구축 여부'였다.

아폴로 13호의 사고에 대해서는 론 하워드 감독, 톰 행크스 주연의 영화로도 만들어져 아는 사람도 많을 것이다. 아폴로 13호는 달 표면의 '폭풍의 대양' 프라마우로 고원이라는 장소에 착륙할 예정이었다. 임무는 착륙 장소 주변을 조사하는 것이었다. 1969년에 아폴로 11호의 선장 닐 암스트롱Neil Armstrong이 인류 최초로 달 표면에 착륙(이 역시도 〈퍼스트맨First Man〉이라는 제목의 영화로 만들어졌다)한 이후 세 번째 발사였으며, 세간에서도 달에 간다는 위업은 어느새 과거의 일로 치부되기 시작할 즈음이었다.

베트남 전쟁이 장기화하면서 수렁으로 빠지기 시작한 시대적 상황에 더해 아폴로 호를 발사하는 것보다 중요한 정치적 문제가 있지 않느냐는 여론이 형성되고 있었다. 그런 와중에 일어난 아폴로 13호의 사고는 세간의 시선을 다시 아폴로 호로 돌리게 만들었다. 그런 의미에서는 불행 중 다행이라고도 할 수 있다.

사고의 개요는 다음과 같다. 케네디 우주센터 제39복합발사시설에서 발사된 지 이틀 뒤에 선내 전원이 끊어졌고, 이로 발생한 불꽃이 원인이 되어 기계선의 산소 탱크가 폭발했다. 아폴로 13호는 사령선과 기계선, 달 착륙선의 세 부분으로 구성되어 있었다. 사령선은 우주 비행사들이 머무르는 모듈이며, 지구로 귀환할 때 필요한 모든 제어 장치가 탑재되어 있다. 기계선은 주로 추진용 로켓 엔진을 탑재한 모듈로, 엔진의 연료와 우주 체류 중에 필요한 산소와 물과 배터리 같은 소모품을 싣고 있었다. 최종적으로 지구로 귀환하는 것은 사령선뿐이며, 기계선은 대기권 재진입 시에 대기권 내에서 파괴되는데, 대기권으로 재진입할 때까지는 산소와 물 그리고 우주선을 제어하는 배터리를 실은, 이른바 라이프 라인을 담당하는 설비가 탑재되어 있는 모듈이었다.

아폴로 13호의 사고에서는 기계선의 산소 탱크 부분이 폭발했다. 사고가 발생한 직후 아폴로 13호의 사령선 조종사였던 잭 스위거트Jack Swigert가 보낸 첫마디는 "휴스턴, 문제가 발생했다Houston, we've had a problem here."였다. 이 한마디가 승무원과 관제탑 스태프 모두의 마음을 하나로 묶었던 것이다.

아폴로 13호는 명백한 위기 상황에 처했고, 이 위기를 타개하지 못하면 승무원 3명은 모두 죽을 가능성이 높다는 '공통 인식'이 단숨에 구축되었다.

그러한 공통 인식을 아무도 의심하지 않았고, 이를 해결하는 것이 가장 중요한 과제임이 그 자리에서 결정되었다. 모든 스태프가 전력을 다해 문제를 해결하기 위해 뭉쳤다.

맨 처음 한 일은 공기가 새는 상황을 철저하게 파악한 것이었다. 어떤 일이 일어났는지, 어느 정도로 위험한지, 이대로 계속 공기가 새면 선내 공기가 전부 없어질 때까지 유예 시간은 어느 정도인지, 새는 공기를 막을 방법은 없는지 각 분야의 전문가들이 긴급 소집되어 생각할 수 있는 모든 해결책을 검토했다. 문제를 세분화해 나가면서 바로 해결할 수 있는 일은 없는지, 공기가 새는 시간을 늘릴 수 있는 방법은 없는지, 지상의 관제탑에서도 선내에 있는 도구와 같은 것을 회의실에 펼쳐놓고 이를 활용해 새롭게 쓸 만한 도구를 만들어낼 수 없는지 검토가 진행되었다(심지어 우주 비행사들이 직접 만들어야 했다).

모든 스태프가 한마음이 되어 이렇게 뭉칠 수 있었던 것은 '문제가 발생했고, 이를 당장 해결하지 않으면 승무원의 안전을 확보할 수 없다'는 명백한 공통 인식이 만들어졌기 때문이었다.

이러한 대응을 '당연히 해야 할 일 아닌가'라고 생각하는 사람도 있을 것이다. 하지만 이어서 설명할 컬럼비아 호의 경우에는 이러한 '당연한' 공통 인식을 만드는 것조차 불가능했다.

컬럼비아 호는 1981년에 처음으로 발사와 귀환에 성공한 우주 왕복선이다. 이후 디스커버리 호와 챌린저 호 같은 우주 왕복선이 만들어졌고, 매년 발사에 성공했다. 1980년, 레이건 대통령은 다음과 같이 인상적인 발언을 했다.

"우주로의 진출은 옛날에 우리의 꿈이었습니다. 그러나 지금, 우리는 우주 왕복선으로 우주에 다녀오는 것을 보다 일상적인 것으로 만들려 합니다."

대통령의 말에서 알 수 있듯이 우주 왕복선의 발사는 더 이상 특별한 뉴스가 아니었다. 그리고 23년 뒤인 2003년 2월 1일에 컬럼비아 호의 사고가 일어났다.

사고는 컬럼비아 호가 발사된 지 얼마 지나지 않아서 일어났다. 우주 왕복선은 제1단 로켓에 채워진 영하 183도의 액체 산소의 영향으로 수증기가 얼어붙은 두꺼운 얼음으로 외벽 표면이 뒤덮여 있다. 우주 왕복선이 발사되면 얼음이 벗겨지면서 서서히 고도를 높게 된다. 컬럼비아 호도 예외가 아니었다.

그때, 커다란 얼음덩어리가 절연체, 즉 우주 왕복선의 바닥에 부딪혔다. 바닥의 절연체는 우주 공간에서 대기권으로 재진입할 때 왕복선을 공기와의 마찰열로부터 지켜주는 생명줄과 같다. 지상의 관제탑에서도 얼음덩어리가 절연체에 충돌했다는 사실을 확인했다.

컬럼비아 호는 무사히 우주 공간으로 날아갔지만 문제는 대기권으로 재진입할 때였다. 우주 유영을 시작한 첫날 지상의 관제탑 스태프 사이에 회의가 진행되었다. 회의 목적은 현재의 우주 왕복선 프로젝트 진척 상황과 대처가 필요한 리크스 확인이었다. 얼음덩어리가 절연체에 부딪혔다는 점도 회의에서 다루어졌다.

하지만 그 자리에서는 보다 상세한 분석을 하라는 지시만 있었을 뿐, 구체적인 대책은 아무것도 논의되지 않았다. 관제탑 스태프들의 리더는 린다 햄Linda Hamm이라는 여성으로 나사NASA에서도 손에 꼽히는 최고 엘리트였다. 보기 드문 출세 속도로 42세의 젊은 나이에 우주 왕복선 프로젝트 리더를 맡게 된 인물이다. 뛰어난 능력의 리더가 있었음에도 불구하고 얼음덩어리가 절연체에 충돌한 것은 우선순위가 낮은 사안으로 처리되었다.

왜 그랬을까? 그것은 얼음덩어리가 우주 왕복선의 바닥 절연체에 충돌하는 일은 그때까지도 종종 일어났기 때문이었다.

2003년에 발사된 컬럼비아 호는 전체 우주 왕복선 프로젝트 중 113번째였다. 왕복선은 컬럼비아 호 외에도 챌린저 호, 디스커버리 호, 아틀란티스 호 그리고 엔데버 호까지 5대가 만들어졌고, 각 기체마다 발사 횟수는 20번이 넘었다. 113번의 발사 중에서 얼음덩어리가 바닥의 절연체에 충돌한 횟수는 놀랍게도 7번이나 된다. 즉 이런 일은 일상적이었던 것이다.

아폴로 13호의 경우에는 조종사인 잭 스위거트가 명확하게 위기를 선언했고, 관제탑 스태프들도 누구 하나 의심하지 않고 긴급한 대처가 필요한 위기 상황이라고 인식했다. 위기에 맞선 흔들림 없는 마음가짐, 이른바 하나의 '공통 인식'이 미증유의 위기로부터 3명의 우주비행사를 구했던 것이다.

컬럼비아 호에서 일어난 사고는 과거에도 비슷한 사례가 있었다. 이를 우주 비행사의 목숨이 달린 위기라고 인식한 스태프도 있었지만, 그렇지 않은 스태프도 있었다. 팀 전체가 '공통 인식'을 갖지 못했던 것이다. 이때 컬럼비아 호에서는 절연체에 충돌한 얼음덩어리의 크기가 지금까지 본 것 중에서 가장 크다는 점이 계산되어 이에 대한 보고도 이루어졌다. 보고서에는 우주 비행사의 생존 위기가 명확하게 기재되어 있었다. 하지만 이때 나사 사령탑의 공통 인식은 다음과 같았다.

'얼음덩어리는 과거에도 몇 번이나 절연체에 충돌한 적이 있다. 그리고 지금까지 한 번도 그것이 문제된 적은 없었다.'

문제가 발생했을 때, 이를 얼마만큼 조직 내의 '공통 인식'으로 만들 것인가? 모든 문제에 대한 대처는 여기에서 결정된다.

위기가 발생했을 때, 리더가 많은 시간을 쏟아서 신중하게 검토해야 할 것은 '이 위기를 어떻게 극복할 것인지'가 아니라, '관계된 모든 사람에게 어떻게 하면 흔들림 없는 공통 인식을 갖게 할 것인지'다. 서로가 공통 인식만 형성하게 되면 대부분의 일은 잘 풀리게 된다. '기껏해야 공통 인식이지만, 그럼에도 공통 인식'이 중요한 이유다.

공통 인식을 갖지 않은 채로 프로젝트에 몸을 맡기는 일도 있을 것이다. 그럴 때는 용기를 내어 공통 인식을 다지자고 말해보자. 원칙론을 들이밀어야 할 수도 있고, 프로젝트 진행을 늦추게 될 수도 있다. 그럼에도 프로젝트의 결과를 크게 좌우하는 공통 인식에 차이가 있다면 누군가는 이를 말해야만 한다.

몇 달을 걸쳐 검토한 일이니 더 이상 되돌릴 수 없다는 목소리도 터져나올 것이다. 그러나 우리에게 필요한 것은 성과이며, 노려야 할 것은 결과뿐이다. 원칙론자가 되는 것은 때로는 매우 중요하다. 그런 목소리를 냄으로써 진정으로 필요한 공통 인식을 다질 수 있기 때문이다.

#3 역사 편

[사카모토 료마가 꿈꾸었던
메이지 유신 시대를 움직인 공통 인식]

18 비록 전례가 없을지라도 공통 인식을 만드는 것에 집중하라

일본을 바꾼 메이지 유신의 주역들이 혼신을 다한 것은
다름 아닌 공통 인식을 쌓아 올리기 위해서였다.

일본인은 왜 폐쇄적일까?

이탈리아의 P&G사에서 비즈니스 유닛 디렉터를 담당하고 있던 프란체스코 아레바에게 어느 날 이런 질문을 받았다.

"왜 일본과 일본인은 폐쇄적인가요?"

이탈리아에서는 14~16세기에 일어난 르네상스로 인해 예술이 꽃피었다.

그러나 이는 이탈리아만의 힘으로 이루어낸 것이 아니다. 여러 나라의 다양한 사람들을 피렌체나 로마로 받아들인 덕분에 지식과 미술의 융합이 일어나게 되었고, 덕분에 예술의 중심지로 탄생했던 것이다.

일본에는 소니와 파나소닉 같은, 20세기의 예술이라고 부를 만한 혁신적인 제품을 연달아 세상에 내놓은 회사들이 많다. 그럼에도 왜 일본과 일본인은 폐쇄적이라고들 할까? 아마도 많은 외국인이 가진 의문이기도 할 것이다.

세계적으로 볼 때 일본이라는 나라는 아직도 제대로 이해되지 않은 부분이 많다고 생각한다. 나는 프란체스코에게 일본의 쇄국鎖國 역사에 대해서 설명했다. 일본은 1637년부터 1853년까지 약 220년간 쇄국 상태였으며, 무역은 제한된 항구에서만 이루어졌다. 이 기간 동안 일본에서는 큰 전란이 한 번도 일어나지 않았으며, 다른 나라에게 침략도 받지 않았다. 인류 역사상 그렇게 장기간에 걸쳐 평화로운 시대가 이어진 나라는 일본을 제외하면 찾기 어려울 것이다. 평안 속에서 사람들은 지식을 깨우치고 예술을 꽃피웠다. 19세기 에도江戶*는 인구 1백만 명을 넘었으며, 대부분의 아이들이 글을 읽고 쓸 줄 알았다. 이렇게 근대화된 도시는 세계에서도 드물 것이다. 그래서 일본인의 DNA에는 쇄국 속에서 나라를 발전시켰던 강렬한 성공의 경험이 있다. 일단 자국에서 차분하게 고민한 다음 다른 나라와 대화를 해 나가는 방식이 밖에서 보면 폐쇄적으로 보일 수도 있다.

· 역주: 1603년부터 메이지 유신이 일어나기 직전의 1868년까지 이어진 무사 정권의 중심지. 지금의 도쿄를 말한다.

이처럼 일본 역사를 설명해주니 프란체스코는 적잖이 놀라워했다. 그런 역사가 일본에 있었을 줄은 몰랐다고 하며, 일본 역사를 배워보고 싶다는 말까지 했다.

일본에서 교육을 받은 사람이라면 누구나 알고 있을 에도 막부나 쇄국 등의 역사적 사실을 외국 사람들은 알지 못한다. 당연한 말이지만, 나도 이탈리아라고 하면 로마 제국과 르네상스와 레오나르도 다빈치 그리고 토스카나 지방의 맛있는 와인 정도만 알고 있을 뿐이다.

모든 일의 시작은 이러한 공통 인식을 구축하는 데서 시작된다.

260년 이상 평화로운 세상을 가져온 에도 막부가 막바지일 무렵, 메이지 유신明治維新*의 지사들이 들고일어나 나라는 혼란에 빠진다. 때로는 칼부림을 하고 때로는 논쟁을 벌이면서 유신의 지사들이 목숨을 걸었던 이유도 바로 공통 인식을 구축하기 위해서였다. 에도 막부의 의도, 조정의 의도, 여러 지방 세력의 의도, 미국·영국·네덜란드를 포함한 여러 외국의 의도 등 각각의 의도들은 도저히 공통 인식을 세울 수 없었다.

현대와는 달리, 정보가 미디어를 통해 유통되지 않던 시절이었다. 이국의 말을 이해하는 일본인은 얼마 되지 않았다. 사쓰마항薩摩藩과 조슈항長州藩 (지금의 가고시마 현과 야마구치 현 일대) 사람들조차 좀처럼 어울리기가 어려웠다.

대부분의 유신의 지사들이 무력을 앞세워 다른 윈(에도 막부라고 하는 봉건

---

* 역주: 1868년 발발. 무사 정권의 붕괴 후, 덴노를 중심으로 중앙집권체제가 확립되고, 일본의 서구화, 근대화의 분기점이 된 역사적 사건이다.

사회)을 무너뜨리려고 할 때, 원의 겹치는 부분을 만들기 위하여 공통 인식 구축에 전념하던 이들도 있었는데 그중 한 명이 사카모토 료마坂本龍馬*다.

사카모토 료마는 도사 지역土佐藩**의 하급 무사 출신으로 1835년에 태어나, 1867년 33세의 젊은 나이에 암살되었다. 대정봉환大政奉還***으로부터 불과 한 달 뒤의 일이었다.

요즘이야 일본에서 사카모토 료마가 유명인이지만, 생전에 그를 알았던 사람은 극히 드물었다고 한다. 현재의 사카모토 료마의 이미지는 소설가 시바 료타로司馬遼太郎의 ≪료마가 간다≫의 영향이 클 것이다. 실제 그의 활약의 진위에 대해서는 역사가의 연구에 맡기고, 일반적으로 떠올리는 사카모토 료마의 이미지를 바탕으로 이야기하려 한다. 많은 활약을 남겼던 료마지만, 28세에 도사 지역을 뛰쳐나오기까지는 딱히 대단한 업적을 세우지 못했다. 검술 호쿠신잇토류를 배우며 시간 가는 줄 모르던, 당시의 평범한 무사 중 한 명이었다.

료마의 전환점은 1862년, 가쓰 가이슈勝海舟****와의 만남으로 시작된다. 료마는 가쓰를 암살하기 위해 그를 찾아갔지만, 그와 만난 자리에서 생각을 바꾸고 가쓰의 제자가 된다. 그리고 료마는 비로소 알게 된다. 세상은 넓고

· 역주: 에도 정권 말기의 무사, 기업인, 정치가. 메이지 유신과 일본의 근대화에 공헌한 역사적 인물로 대중적 인지도가 높다.

·· 역주: 메이지 유신 때까지 지금의 시코쿠 고치 현 일대를 차지하고 있었던 지방 정권이다.

··· 역주: 1867년 11월, 장기간 실질적인 집권을 하던 에도 막부가 정권을 덴노에게 반환한 정치적 사건이다.

···· 역주: 에도 정권 말기부터 메이지 시대까지의 정치가. 풍부한 해외 경험을 바탕으로 일본의 근대화에 공헌한 역사적 인물이다.

자신이 알지 못하는 것 투성이며, 다양한 정치 체제와 경제 구조 그리고 문화가 있다는 것을.

유신의 지사들은 그러한 시대적 배경조차 알지 못한 채 서양 오랑캐를 물리치자고 외쳤던 것이다. 그들을 무의미한 전란 속에서 목숨을 잃게 할 수는 없었던 료마는 움직이기 시작한다. 이름 그대로 용처럼, 막부 말기 혼돈의 세상 속에서.

사카모토 료마의 가장 큰 공적으로 유명한 것은 무엇보다도 '삿쵸동맹薩長同盟'이다.

1866년 1월, 료마의 알선으로 사츠마항과 조슈항 사이에 동맹이 맺어졌다. 각각의 대표자였던 사이고 다카모리西鄉隆盛와 가쓰라 고고로桂小五郎를 마주 앉혔던 것이다. 당시 이미 두 항은 일본에서도 매우 중요한 위치를 가졌던 큰 세력이었다.

이때 료마는 가쓰라의 요구를 받고 맹약서 뒷면에 배서背書를 한다. 천하를 호령하던 두 세력의 동맹에 일개 하급 무사가 보증을 선 꼴이다. 료마가 얼마나 많은 신뢰를 얻고 있었는지 알 수 있는 대목이다.

사이고 다카모리는 료마에 대한 평가에서 다음과 같은 말을 남겼다고 전해진다.

"천하에 뜻을 가진 많은 이들과 교류하였으나, 도량의 넓이가 료마보다 큰 자를 지금까지 본 적이 없다. 료마의 도량의 넓이는 도무지 알 길이 없다."

삿쵸동맹 외에도 주목할 사건이 있다. 1867년에 일어난 '이로하마루いろは丸 침몰 사건'이다.

이로하마루는 료마가 이끌던 회사 가이엔타이가 소유했던 증기선으로, 무게 160톤에 3개의 돛을 갖춘 스크루 추진형 선박이었다. 이로하마루와 기슈와카야마항紀州和歌山藩이 소유했던 증기선 메이코마루明光丸가 충돌해 이로하마루가 침몰해버린 사건이 바로 이로하마루 침몰 사건이다. 메이코 마루는 887톤으로, 이로하마루보다 여섯 배나 큰 거대한 선박이었다.

이 사고에는 모든 것이 일본 최초였던, 3가지 특징이 있다. 첫째, 일본 최초의 증기선끼리의 충돌 사고인 점, 둘째, 항해일지를 사용해 사고 조사가 이루어진 점, 셋째, 당시 항해에 관한 국제법을 해석한 번역서 ≪만국공법 万国公法≫*에 의거해 조율이 이루어진 점이다.

기슈와카야마항은 권세가인 도쿠가와 3대 가문 중에서 도쿠가와 요시무네德川吉宗 장군을 배출한 명문가다. 이러한 상대에 맞서서 일개 조직(무역회사, 일본 최초의 주식회사로도 불린다)이 배상 청구를 한 것이다. 료마의 정치적인 대응력과 교섭력에 더해, 도사항上佐藩의 고토 쇼지로後藤象二郎도 가세해 결과적으로 7만 량의 배상금을 받아낼 수 있었다.

≪만국공법≫이 일본에 들어온 것은 1865년에서 1866년 사이라고 한다. 이 책의 보급을 추진한 이가 가쓰 가이슈였다. 세계의 바다로 진출해 제국

---

* 역주: 1864년 청나라에서 출판된 국제법 서적. 미국의 법학자 헨리 휘튼(Henry Wheaton)의 저서 ≪Elements of international law with a Sketch of the History of the Science≫를 근간으로 번역되었으며, 청나라를 거쳐 일본으로 유입된 뒤 메이지 유신 시절에 널리 보급되었다.

열강의 회사들과 경쟁하는 것을 꿈꾸던 사카모토 료마는, 대등한 위치에서 경쟁하기 위해서는 국제적으로 통용되던 규칙을 이해하고 이를 능숙하게 사용할 필요가 있다고 여겼다. 자국 내의 정치적인 문제도 중요하지만, 얼마나 여러 열강과 어울려야 할지를 내다본 행동이라 할 수 있다.

외국에서 보면 일본이 어떤 나라인지, 아직 대부분 모르던 시절이었다. 그런 와중에 나라 안에서는 이런저런 내란이 일어났고, 1863년에는 사츠마항과 영국 간에 전쟁까지 발발했다. 료마로서는 어떻게든 여러 외국과의 사이에서 '공통 인식'을 가질 수 있는 것, 구심점 역할을 할 것이 필요했다. 나는 그것이 ≪만국공법≫이었다고 생각한다.

상대방이 제아무리 권세가인 기슈와카야마항일지라도 료마는 한 발짝도 물러나지 않았다. 당시 일본에서는 ≪만국공법≫의 인지도가 높지 않던 시대였다. 그럼에도 불구하고 료마는 앞으로 세계의 바다에서 상식이 될 ≪만국공법≫에 의거해 배상금을 받아야 한다고 주장했다.

서로를 이해하지 못하는 사람들끼리 협상하기 위해서는 서로가 이해할 수 있는 '공통 인식'이 얼마나 중요한 것인지를 당시의 료마도 통렬하게 깨닫고 있었던 것이 아닐까.

#3 역사 편
[미증유의 위기에 맞서는 공통 인식]

19 공통 인식을 대변하는 리더만이 사태를 해결하는 열쇠를 쥔다

리더는 모든 사람이 마음속에서 생각하고 있는 것을 대변함으로써
공통 인식을 형성한다.

모든 사람의 마음속 생각 읽어내기

"구조 개혁 없이는 성장도 없다."

2001년에 고이즈미 준이치로小泉純一郎 전 총리가 한 말이다. 고이즈미 전 총
리의 정책에 대해서 논할 생각은 없다. 이는 나중에 역사가 판단할 일이다.
이 책에서는 이 유명한 말에 어떤 의미가 담겨 있는지 생각해보려 한다.
1990년대 초 거품경제 붕괴 이후, 모든 일본인은 정체 중인 일본 경제가 무

언가를 바꾸지 않으면 막다른 길에 부닥칠 것이기에 근본적인 무언가를 바꾸어야만 한다고 직감하고 있었다.

구조 개혁을 단행한다는 것은 지금까지와는 질적으로 전혀 다른 개혁을 한다는 의미였다. 설령 어떠한 일이 벌어지더라도 지금까지의 상식에서 벗어난 일을 벌이겠다는 정치가를 당시 많은 일본인이 학수고대하고 있었던 것 같다.

훌륭한 연설이란 많은 사람들이 마음 깊은 곳에서 생각하고 있던 것을 대변하는 것이다. 그리고 고이즈미 전 총리가 도달한 결론은 "구조 개혁 없이는 성장도 없다"라는 간결한 메시지였다.

2009년 1월, 미국 대통령에 취임한 버락 오바마Barack Obama의 연설에서도 비슷한 현상이 일어났다. 많은 미국인들은 이라크 전쟁에 지칠 대로 지쳐 있었다. 다음 설명을 들으면, 당시의 무거운 분위기를 상상할 수 있을 것이다. 이라크 전쟁은 미국이 제2차 세계대전보다 오래 끌어오던 전쟁이었다. 부시 정권은 국민들의 신뢰를 잃어버린 상태였다. 그러한 정세에서 모든 이들이 느끼고 있었던 것은 틀림없이, 이 상황을 '바꾸고 싶다'는 생각과 바꿀 수 있을 것이라는 희망이었을 것이다.

그렇게 많은 사람들이 바라던 염원을 오바마 대통령이 구호로 외쳤던 것이다.

"Yes, we can(그래, 우리는 바꿀 수 있어)!"

대통령 선거 당일, 당시 뉴욕에 살고 있던 나는 메이저리그를 틀어주던 스포츠 바에서 맥주를 마시고 있었다. 그때 텔레비전 화면에 대통령 선거 속보가 떴다. 한 개의 주가 빨간색(존 매케인 후보) 또는 파란색(오바마 후보)으로 물들어 갈 때마다 바 전체는 그야말로 열광의 도가니가 되었다. 말하자면, 월드컵이나 WBC 경기를 길거리 텔레비전에서 다 함께 관전하는 것 같은 분위기였다. 일본에서도 선거 속보를 각 방송국이 특별 프로그램을 편성해 방영하지만, 이렇게 열광적인 분위기가 형성되지는 않는다. 미국인이 새로운 대통령에게 거는 기대가 얼마나 큰지 새삼 느낄 수 있는 시간이었다. 이와 동시에 미국인들이 지닌 저력을 눈앞에서 바라본 순간이기도 했다.

2001년 9월 11일에 뉴욕을 중심으로 일어난 대규모 테러 사건을 기억하는가? 항공기 2대가 초고층 빌딩인 세계무역센터에 충돌하는 충격적인 영상은 순식간에 세계로 퍼져 나갔고, 모든 사람들이 참사를 보며 두려움을 느꼈다. 사망자 수는 무려 3천 명 가까이 되었다. 당시 뉴욕 시장이었던 루돌프 줄리아니Rudolf Giuliani는 미증유의 위기 앞에서 리더십을 유감없이 발휘했다. 특히 테러 직후에 실시한 연설은 많은 사람들의 마음을 위로했다. 위기를 맞은 후 어떻게 맞서 나가야 하는지, 그러한 공통 인식을 다지는 데 성공한 것이다.

당시 줄리아니 시장은 "우리들은 두려움에 떨고 있고, 희생자 수는 상상하기도 싫은 수가 될 것이다. 그럼에도 뉴욕에는 자유가 있고, 사람들은 다시 뉴욕으로 올 것이며, 뉴욕은 한마음이 되어 테러에 맞서 싸워야 한다"라고 말했다.

그는 두려움이라는 공통 인식을 시민들 사이에 심어주었고, 희생자 수가 믿기 어려울 정도의 대참사라는 것을 테러 당일에 밝혔다. 모든 이들의 마음속에 움츠리고 있던 것, 입 밖으로 꺼내기 싫었던 사실을 리더로서 대변했던 것이다. 그런 다음 테러에 맞서자고, 자유를 지킬 수 있는 힘이 뉴욕에는 있다고, 시민들을 고무시키는 발언으로 연설을 마무리했다.

사람은 언어를 통해서 비로소 사람다워진다. 동물과 사람의 가장 큰 차이점은 언어를 갖고 있다는 것이다. 원숭이나 돌고래도 말을 할 수 있다고 하지만, 사람처럼 복잡한 언어를 구사하지는 못한다.

오래전 고대 사람들이 석기를 사용하기 전까지 사람은 원숭이처럼 언어를 사용하지 않았다고 한다. 석기를 사용하게 되면서 손가락 끝을 재주 좋게 움직일 필요가 생겼고, 이로 인해 뇌가 발달하게 되었다. 보다 고도로 발달한 석기를 만들어내려고 노력하는 과정에서 뇌세포가 복잡하게 발달한 것이다. 그렇게 사람은 언어를 사용하기 시작했다. 최신 연구에서는 석기의 발명이 언어를 낳았다고 주장하기도 한다.

문자의 발명은 훨씬 나중의 일이다. 사람의 DNA에 가장 많은 자극을 주는 도구는 언어일지도 모른다.

4장

나만의 리더십
갈고닦기

20 리더의 언어는 독서를 통해서 갈고닦아야 한다

책에는 저자가 피와 살을 깎아가며 심혈을 기울인 언어들이 가득 차 있다.
독서를 할 때는 한 글자라도 더 많이 머릿속에 새겨넣어야 한다.

자신의 인생관을 밑바닥부터 바꾼 말을 들은 적이 있는가?

"최근에 읽었던 책 중에서 재미있었던 것이 있었나요? 감상을 들려주세요."

이런 말을 들으면, 대부분의 사람은 '재미있었어요' 또는 '기대했던 내용
이 아니었어요'라고 대답할 것이다. 그럼 다음 질문을 받으면 어떨까?

"그 책 중에서 인상에 남은 문장은 무엇이었나요?"

이 질문에 대답할 수 있는 사람은 아마도 100명 중 2~3명이 아닐까?

사람은 무의식중에도 항상 정보를 접하고 있다. 하지만 무언가를 필사적으로 새겨담으려 하지 않는 한, 안타깝게도 아무리 훌륭한 책이라도 마음에 남지 않는다.

이런 말을 하는 나 역시 고등학교 2학년 여름까지 제대로 책을 읽은 적이 없다. 중학교 시절에는 매년 여름이 되면 독서 감상문을 써내는 숙제가 있었는데, 자신이 고른 책 한 권을 읽고 감상문을 쓰는 것이었다. 중학교 3년 동안 내가 고른 것은 아쿠타가와 류노스케芥川龍之介*의 ≪코鼻≫였다. 이유는 지극히 간단하다. 10쪽 정도로 얇았기 때문이다. 나에게는 무엇보다도 읽는다는 행위 자체가 고통이었다.

전환점을 맞이한 것은 고등학교 2학년 즈음, 교과서에 실려 있던 나쓰메 소세키夏目漱石**의 ≪마음こころ≫을 읽었을 때였다. 교과서에는 당연히 일부만 실려 있었기 때문에 뒷이야기가 몹시 궁금했는데, 운 좋게도 집의 서가에 그 책이 꽂혀 있었다. 수업에서 배운 그날 밤, 공부도 제쳐두고 책을 단숨에 읽어 내려갔다. 그때까지 제대로 책을 읽은 적도 없었던 내가 처음으로 읽은 책이 바로 ≪마음≫이었다.

그때의 충격은 지금도 잊을 수 없다. 언어를 사용해 사람의 심리와 내면을 어떻게 이렇게까지 표현해 낼 수 있을까? 이 책 속에는 지금까지도 나의

· 역주: 젊은 나이에 자살로 생을 마감한 유명 소설가. 대표작으로는 ≪라쇼몽≫과 같은 단편 소설이 많다.

·· 역주: 일본을 대표하는 소설가이자 영문학자. ≪나는 고양이로소이다≫, ≪도련님≫ 등 현대에도 널리 사랑받는 작품을 많이 남겼다.

사람에 대한 가치관을 뿌리째 뒤흔든 말이 있다. 사랑으로 고뇌하던 K에게 선생님이 내던진 말이다.

"정신적으로 향상심이 없는 자는 바보다."

K는 신슈지라는 절에서 태어난 남자다. 결코 교리에 따라 살아온 것은 아니었지만, 남녀 사이에 대해서는 금욕을 신조로 삼아 정진해야 한다는 생각을 갖고 있었다. 원래부터 K가 그러한 생각을 가진 것을 꿰뚫고 있던 선생님은 그에게 위와 같이 말했다. 이는 K의 마음속의 허무함을 유유히 관망하면서 K가 사랑에 빠지지 않도록 하기 위해서였다.

그 뒤로 몇백 권의 소설을 읽었지만 이처럼 마음을 뒤흔든 한마디는 여지껏 읽은 적이 없었고, 지금도 머릿속에서 잊히지 않는다.

공자가 말하기를 "좋은 약은 입에 쓰지만 병을 낫게 하고, 충언은 귀에는 거슬리지만 행할 가치가 있다"라고 했다. 아무리 좋은 지적이라도 듣는 이의 그릇이 작으면 부정적으로 들린다. 지적에는 미래가 있고, 부정에는 미래가 없다. 받아들이는 사람의 그릇의 크기에 따라서 미래가 바뀌는 것이다. 나 자신도 항상 큰 사람이 되겠다는 생각을 하고 있다.

영화 〈대부The Godfather〉에서 돈 비토 코를레오네는 아들 마이클에게 이런 말을 들려준다. "친구를 가까이에 두고, 적은 더 가까이에 두어라." 그렇게 해야만 조직을 오래 유지할 수 있다고 말이다.

이삼십 대 시절, 몇십 명에서 몇백 명의 구성원들을 이끄는 리더들과 만날 때마다 많은 의미가 함축된 말을 들을 기회가 있었다. 이는 그때마다 내가 처했던 상황을 실로 명확하게 지적한 말들이었다. 그들에게는 어째서 그러한 말들이 축적되어 있는 것일까? 나의 물음에 대해 어떻게 그 자리에서 대답할 수 있는지 그저 신기할 따름이었다. 그리고 마침내 나는 깨달았다. 다양한 정보를 보고 들었음에도, 이를 단지 한 귀로 듣고 한 눈으로 읽고는 흘려버렸다는 것을.

독서는 리더의 언행을 단단하게 만들어준다. 하지만 그저 읽는 것만으로는 부족하다. 훌륭한 책에는 저자가 피와 살을 깎고 심혈을 기울인 언어들이 가득 차 있다. 거기에서 무엇을 새겨 담고 무엇을 꺼내서 자신의 머릿속에 한 글자라도 더 많이 담을 각오로 읽지 않으면, 결코 나의 피와 살이 되지 않는다. 선인들의 훌륭한 말과 생각을 자신의 것으로 만들고 싶다면 죽을 각오로 이를 끄집어 내야 한다. 책을 읽을 때는 그러한 각오를 가지고 덤벼들어야 한다.

물론 모든 책을 그런 마음가짐으로 읽을 필요는 없다. 기분을 전환하기 위한 독서도 있을 것이다. 하지만 독서를 통해 자신을 성장시키고 싶다면 그런 각오 정도는 필요하다는 말이다.

한 권의 책을 다 읽은 뒤 번뜩 떠오르는 문장이 하나도 없다면 너무나도 슬픈 일 아닐까. 몇 시간을 들여서 읽은 책인데도 얻은 것이라곤 막연한 감상뿐이라면 서글퍼질 것이다. 책을 읽은 후 인상적이었던 문장, 마음에 꽂혔던 문장을 전부 적어보자. 그것을 소리 내어 읽고, 영감을 얻은 것을 바탕으로 새롭게, 스스로 생각해낸 문장으로 바꿔보자.

시간으로 따지면 10분 정도인 이 과정을 하느냐 하지 않느냐에 따라서, 독서를 통해 내면에 축적된 지식의 두께는 놀랄 정도로 바뀌게 될 것이다.

'저 사람은 어째서 저렇게도 다양한 것을 알고 있을까?'

이런 생각이 들게 만드는 사람이 주변에도 몇 명 있을 것이다. 그런 사람들은 무의식중에 (때로는 필사적인 노력으로) 이런 작업을 반복하고 있는 것이다. 리더로서 사람을 움직이고 사람의 마음을 흔드는 언어를 쌓기 위한 방법 중 하나가 바로 독서다.

막연하게 책을 읽는 것이 아니라, 책 속에서 자신의 미래에 중요한 말을 골라내어 마음속에 새겨넣는다는 의지를 가지고 읽어보자. 그렇지 않으면 그 말을 가까운 미래에 사용하게 될 때, 진정한 '나의 언어'로 상대방에게 전달되지 않을 것이다.

21 정보 과잉 시대, PDF와 위키피디아로 미래를 읽어보자

인터넷에서 정보를 찾을 때는 파상적으로 연관을 지어 가야 한다.
정보가 범람하는 세상에서 자신만의 정보를 다루는 법을 찾아보자.

미래를 읽을 수 있는 정보를 다루는 법

WEB^World Wide Web이 본격적으로 보급되기 시작한 것은 1995년, 구글의 검색 서비스가 시작된 것은 1997년, 인터넷이 광대역 통신인 브로드밴드^broadband화 되면서 많은 정보가 바쁘게 축적되고 열람되기 시작한 것이 2001년, 블로그와 SNS 등 개인이 동영상을 업로드하는 사이트가 생겨나고 불특정 다수의 일반인들도 정보를 발신할 수 있게 된 것이 2004년, 남녀노소 불문하고 손안에서 인터넷을 사용하는 스마트폰이 탄생한 것이 2008년,

손쉽게 커뮤니케이션을 가능하게 만든 채팅 애플리케이션이 보급되기 시작한 것이 2011년, 그리고 2019년에는 스마트폰을 쓰는 사람이 전 세계에서 20억 명을 넘었다고 한다. 이제는 10대에서 50대, 60대까지 모든 사람들이 일상적으로 인터넷을 통해 정보를 얻거나 기록을 하면서 생활하고 있다.

SNS가 유행하기 시작한 2005년부터 2010년 즈음, 나는 정보에 휩쓸려 다닌 적이 있다. 페이스북에서 인맥을 넓히기 위해 노력했고, 트위터에서는 수백 명의 타임라인을 읽어 치웠고, RSS$^{Rich Site Summary}$를 활용해 매일 수백 개의 사이트에서 뉴스를 구독했으며, 구글에서 연관 블로그를 검색해 읽었다. 하지만 읽어도 읽어도 끝이 없었다. 세상으로 쏟아져 나오는 정보량은 내가 소화할 수 있는 정보량보다 압도적으로 많았다. 나는 남들보다 점점 뒤처지는 것은 아닐지 공포감에 사로잡혀 있었다.

당시 경영 컨설턴트 일을 하고 있었던 나는 특정 분야의 전문가가 되기로 마음먹었다. 그러기 위해서는 온갖 정보를 읽고 흡수하지 않으면 안 된다는 강박관념을 갖고 있었다. 그래서 앞서 말한 것처럼 매일매일 관련 정보를 망라해 깊이 흡수하기를 반복했다.

독자분들이 예상한 것처럼 이는 보기 좋게 무너졌다. 이러한 행동을 계속하는 것은 고통에 가까웠다. 나는 매일 공개되는 정보의 글자 수가 어느 정도일까 생각해보았다. 조간 신문은 매일 대략 수십만 자, 문고판 책으로는 대략 3~4권, 전국구 신문만 5개, 지방 신문이나 지역 신문도 200종이 넘었다. 즉 신문의 정보만으로도 문고판 책으로 매일 500권 분량의 글자 수가 새롭게 세상에 쏟아져 나오는 것이다.

SNS는 어떨까? 가령 3천만 명의 사용자가 트위터와 인스타그램 등에서 매일 100글자씩 올린다면, 30억 글자가 웹상에 쌓이게 되는 것이다. 문고판 책으로 수만 권에서 10만 권 분량이다. 게다가 이는 일본어만으로 계산했을 때의 양이다.

나는 어떡하면 세상을 파악하고 나아가 미래를 읽을 것인지 고민했다. 그리고 시행착오 끝에 2가지 방법을 발견했다.

첫 번째 방법은 'filetype:pdf'다.* 갑자기 기호 같은 것이 튀어나온 것 같지만 이것은 검색 키워드다. 예를 들어 흥미를 가진 분야가 블록체인일 경우, 구글 검색창에 다음과 같이 입력하는 것이다.

블록체인 filetype:pdf

이렇게 하면 검색 결과에는 블록체인이라는 키워드가 들어가 있는 PDF 문서 파일만 표시된다. 그 후 검색 결과에서 수십 개 또는 백 개 정도의 문서를 다운로드하고 같은 폴더에 넣어둔다. 그리고 폴더에 저장된 PDF 파일을 전부 열어두고 죽 훑어보는 것이다.

왜 PDF 파일일까? 지금 웹에서는 블로그를 손쉽게 개설하고, SNS에는 사진이나 동영상을 손쉽게 포스팅할 수 있으며, 뉴스는 웹사이트에 공개되어 여러 뉴스 미디어에서도 참조 형태로 베끼기만 한 기사들이 넘쳐난다.

· 역주: 구글 검색 고유의 기능이며, 네이버 등에서는 지원되지 않는다.

정보가 넘쳐나고 있는 것이다.

한편 PDF 파일은 그렇게 확산된 정보를 파일 형태로 저장하거나, 기사나 자료의 형태로 정리된 것이다. 즉 매일 갱신되는 인터넷상의 정보로부터 한 단계 가공된 결과물인 경우가 많기 때문에 PDF 파일을 읽는 것이다. 검색으로 찾은 PDF를 한 번 훑어보는 것만으로 그 분야의 트렌드를 단기간에 파악할 수 있다.

나는 경영 컨설턴트 시절에 이 방법을 업무에 습관적으로 활용했다. 예를 들어, 신문사에서 블록체인에 대해 내일 인터뷰를 하고 싶다는 의뢰가 들어왔다고 가정하자. 연락을 받은 것은 클라이언트 사무실에서 회의 중일 때였다. 클라이언트 사무실에서 나오며 나는 회사 어시스턴트에게 한마디를 전달한다.

"블록체인에 대해서 매번 하던 걸로 부탁합니다."

다른 클라이언트와의 회의를 마치고 사무실로 돌아오면 파일 한 권이 책상 위에 놓여 있다. '블록체인 filetype:pdf'의 검색 결과 상위 100건을 인쇄해 한데 묶어놓은 자료다. 나는 그 파일을 들고 귀갓길에 오른다. 집으로 가는 전철 안에서 가볍게 훑어보며, 마음에 든 PDF 자료를 하나하나 접어둔다. 다음 날 아침 회사로 출근할 때, 이번에는 어젯밤에 접어둔 PDF 기사만 정독한다.

그렇게 함으로써 키워드와 관련된 세상의 동향을 효율적으로 파악할 수 있었고, 취재에도 무난하게 응대할 수 있었다. 매주 한 번 정도 이런 업무 습관을 반복하다 보니 훑어보는 속도도 점점 빨라졌다. 단지 훑어본다고 하기보다는 핵심을 짚어가면서 읽는다는 느낌에 가깝다.

두 번째 방법은 상당히 인내심이 필요하다. 매일매일 위키피디아를 읽는 것이다.

어린 시절 본가에는 대백과사전이 있었다. 올 컬러 페이지에 총 25권이었다. 초등학교, 중학교 시절에는 백과사전을 무척이나 많이 읽었다. 당시 다른 책이나 소설은 전혀 손도 대지 않았지만, 미지의 세계가 펼쳐지는 백과사전만큼은 푹 빠져 읽었다.

백과사전의 좋은 점은 필요한 정보를 찾아가는 과정에서 싫든 좋든 다른 정보가 눈에 들어온다는 것이다. 그 과정에서 생각하지 못했던 기쁜 만남도 종종 일어난다. 위키피디아 일본어판에는 114만 개의 기사가 게재되어 있다(2019년 4월 기준). 가십성 화제나 시류에 편승한 최신 예능 기사까지 망라되어 있으므로 백과사전보다도 정보의 활용 빈도가 높을 수도 있다. 그리고 검색도 가능하다.

나는 시간이 날 때마다 스마트폰을 열고 위키피디아를 계속 읽는다. 어떤 항목에서 시작해도 괜찮다. 한 가지 항목을 읽어 나간다. 해당 페이지에는 그곳에 적힌 키워드나 인물에 대한 링크가 몇십 개 있다. 그다음으로 모든 링크를 읽어 나간다. 이동한 페이지에는 또 몇십 개의 링크가 있다. 마찬가지로 또 모든 링크를 눌러서 방문한다. 이러한 행동이 영원히 이어질 것만 같다. 오로지 읽고 또 읽는다. 그리고 핵심을 짚어 가면서 읽는다.

하나의 링크를 클릭하는 것은 나에게 또 다른 새로운 세계로 들어가는 느낌을 준다. 그리고 그 과정에서 마음에 드는 키워드가 나오면 그것을 filetype:pdf로 검색한다. 예를 들어, 2019년 5월 1일, 일본의 겡고元号*가 '레이와'로 바뀌었다. 위키피디아에서 '겡고'를 찾아보자. 그 후 다음과 같이 이동한다. 겡고 ⇒ (최초의 겡고는 무엇일까 ⇒) 다이카노카이신 ⇒ (이 쿠데타에서 누가 죽었을까 ⇒) 소가노 이루카 ⇒ (소가노 이루카를 소재로 한 소설은 없을까 ⇒) 소설가 이노우에 야스시의 ≪누카타노오오키미≫ ⇒ (이 소설은 영화화되지 않았을까, 누가 출연했을까 ⇒) 이와시타 시마 ⇒ (이와시타 시마는 예전에 닛산 자동차의 블루버드 광고에 출연한 적이 있는데, 요즘 닛산의 경영은 어떨까 ⇒) 닛산 블루버드 … 이렇게 읽어 나가는 것이다.

매일 이렇게 파상적으로 정보를 연관 지으면서, 때로는 PDF 파일로 핵심을 짚어가며 읽기를 반복한다. 이것이 매일 수십억 글자의 새로운 정보가 공개되고 흘러넘치는 인터넷에 대한 나만의 대처 방법이다.

• 역주: 645년 다이카노카이신 이후 특정 연대를 가리키는 칭호. '레이와'는 248번째 겡고다.

22 사소한 것도 좋다. 어떠한 일이든 결과물을 만들자

'작은 위업이라도 조금씩 쌓아 올릴 수 있다.'
이것이 인터넷의 큰 특징 중 하나다.

투수 앞에 떨어진 땅볼과 같은 결과물이라도 괜찮다

결과 지향적으로 살아보는 것은 어떨까? '결과물'이라고 하면 아무래도 '잘 만들어진 것', '훌륭한 것', '공개해야 할 것'이라고만 생각하기 쉽다. 하지만 여기서 말하는 결과물이란 그 사람의 살아온 발자취이자 흔적이다. 어떤 일이라도 좋다. 아무리 사소한 것이라도 좋다. 설령 유치하더라도 괜찮다. 그런 것들을 웹상에서 디지털 정보의 결과물로써 계속 남겨보는 것은 어떨까?

현재 일본에는 블로그(최근 유행은 노트^{Note}나 미디엄^{Medium} 등)를 개설한 사람이 약 1,500만 명이나 된다. 하지만 안타깝게도 그중에서 매일 내용을 업데이트하는 사람은 200만 명도 되지 않을 것이다. 물론 200만 명도 결코 적은 수는 아니다. 한 사람당 평균 1천 자씩 적었다고 가정하면 전부 더해서 20억 자, 책으로는 1만 권 분량이다.

우리가 남긴 디지털 데이터는 조금 과장해서 말하자면 미래에도 영구적으로 검색될 것이다. 당신이 적은 문장은 구글로 대표되는 여러 검색 엔진이 찾아내어 흥미를 가진 사람들에게 보여준다.

'내 생각 따위 굳이 공개해봤자….'

그렇게 생각할 필요는 없다. 하나하나 작은 결과물을 만들어낸다고 생각하자. 홈런이 필요한 것이 아니다. 안타가 아니더라도 좋다. 투수 앞 땅볼과 같은 결과물이라도 괜찮다. 슛이 골대를 비켜 나가도 좋다. 공을 차지 않으면 아무것도 시작되지 않는다.

언젠가 위키피디아에 글을 쓴 적이 있다. 2007년 8월에 오사카 나가이 육상경기장에서 개최된 세계육상선수권의 일이다. 남자 110미터 허들 결승전이 종료되고 단 5초 뒤에 중국의 류샹 선수가 12.95초로 우승했다는 정보를 적었다. 그것은 일본 위키피디아에서 해당 정보에 관한 최초의 글이었다. 수십 초 뒤에 브라우저 갱신 버튼을 눌러보니, 2위와 3위의 기록이 다른 누군가에 의해서 덧붙여져 있었다. 여기서 내가 이루어낸 것은 어떤 일에 대해 세계에서 가장 처음으로 문자로 인터넷에 기록한 것이다. 인터넷상에 축적된 정보는 전 세계인들이 검색할 수 있다.

글자 수로는 열 자 정도의 정보지만, 나의 행동은 의심할 여지 없이 그에 관한 세계에서 가장 빠른 기록이었다. 알 수 없이 가슴이 벅차오르는 느낌을 받았다. 앞으로도 웹상의 이 기록은 사라지는 일 없이 몇백 년 동안 축적되고 검색될 것이다. 나는 그중에서 지극히 작은 부분이지만 발자취를 남길 수 있었다.

인터넷은 전 세계인들에게 검색될 가능성이 있는 '사소한 정보'를 재빠르고 쉽게 결과물로 남길 수 있는 환경을 제공해준다. 나의 정체성은 남지 않을 수도 있다. 하지만 그 행위는 디지털 정보로써 폐기되지 않고 영원히 인터넷상에 저장될 것이다. 그리고 전 세계 사람들에게 계속 검색될 수도 있다. '작은 위업이라도 조금씩 쌓아 올릴 수 있다'는 점이 인터넷의 가장 큰 특징이다.

리더로서의 생각이나 매일의 고민을 블로그에 적어보는 것도 좋다. 구성원에게 직접 전달하는 것도 중요하지만, 모두에게 공개된 블로그를 통해 간접적으로 자신의 생각을 전달하는 것도 꽤 효과가 있다.

회사의 정보나 프로젝트 과제를 공유하는 것으로 팀의 결속력이 올라갈 수도 있고, 새로운 구성원이 참가하거나 직원을 채용하는 것으로 이어질 수도 있다. 사소한 것이라도 꾸준하게 결과물을 내는 것이 중요하다.

23 모방하라. 혁신은 모방에서 시작된다

혁신은 모방에서 탄생한다. 머릿속에 떠오른 아이디어를 소리 내어 설명해보자. 그렇게 할수록 아이디어는 더욱 다듬어질 것이다.

혁신은 모방에서 탄생한다

리더로서 프로젝트를 추진할 때나 스타트업을 창업할 때, 새로운 아이디어는 어떻게 만들어내야 할까? 세상을 바꾸는 혁신적인 사업을 추진할 때도 누구나 이런 생각을 할 것이다. 그렇다면 혁신은 어디에서 생겨나는 것일까? 바로 과거의 모방에서 시작된다. 누군가를 따라 하거나 베끼는 것도 괜찮다. 혁신은 예전부터 존재하던 다양한 아이디어를 모방하고, 조합하는 것에서부터 시작된다.

예를 들어, 액정 텔레비전은 브라운관 텔레비전이 얇아진 것이다. 액정 텔레비전을 실현해낸 기술은 브라운관 텔레비전에 사용된 기술과는 전혀 다르지만, 기술 혁신의 시작은 브라운관 텔레비전의 디스플레이를 얇고 가볍게 하겠다는 생각에서 출발했을 것이다. 또한 브라운관 텔레비전은 인류 최초의 영상 수신 장치지만, 그 아이디어는 사진에서 왔을 것이다. 사진의 시작은 은염 필름에 영상을 비춰주는 것이었다.

페이스북은 2004년에 시작되었지만, 당시에는 이미 1억 명 이상의 사용자를 보유한 마이스페이스My space라는 SNS가 있었다. 또한 2007년에 아이폰이 발매되었을 때 세상 사람들은 그 혁신성에 경탄했지만, 사실 아이폰의 아이디어는 1997년에 파이오니아에서 출시된 'DP-212'라는 액정 디스플레이에 터치 패널이 내장된 휴대전화와 유사한 부분이 있다(구글에서 DP-212를 검색하면 나온다).

악마의 열매를 먹고 특수한 능력을 지니게 된 해적들의 활약을 그린 애니메이션 ≪원피스ONE PIECE≫는 전 세계에서 4억 부가 발매될 정도의 히트작이지만, 이 역시도 과거의 것에 대한 모방을 바탕으로 혁신을 탄생시킨 것이다. 예를 들어, 화염이나 얼음을 이용하는 능력을 지닌 영웅은 〈어벤져스〉나 〈엑스맨〉 같은 할리우드 영화에 많이 등장한다. SF 요소를 전면에 내세웠느냐, 해적 요소를 내세웠느냐가 이 작품들의 차이다.

이처럼 우리들이 평소 접하는 혁신적인 제품은 대부분 과거의 것에 대한 모방에서 탄생했다. 따라 하지 말라는 의미가 아니다. 오히려 적극적으로 모방하면서 자신만의 독창성을 더해가는 것이 최선의 방법이다.

사색과 언어화를 반복한다

모방에서 혁신이 탄생하는 과정에서 이를 더욱 다듬는 방법이 있다. 사색과 발화(문장을 말하는 것)를 반복하는 것이다. 언뜻 단순해 보이지만 사색과 발화의 반복은 아주 유효한 방법이다.

언어는 신기하다. 머릿속에서 하루 종일 생각한 뒤 얻은 아이디어를 다른 사람에게 말로 설명하려는 순간에 결정적으로 누락된 부분을 깨닫곤 한다. 머릿속에서 사고하는 단계에서는 완벽하게 느껴지더라도 입 밖으로 꺼내면 의외로 불완전하기도 하다. 언어화를 통해 뇌는 순식간에 새로운 국면을 맞이하게 되는 것이다.

건축가 아오키 준靑木淳은 '건축은 재미있을 거야(建築って、おもしろそう)'에서 말한다는 것에 대한 재미있는 의견을 이야기했다.

"내가 무언가를 생각했다면, 생각한 내용을 한번쯤 언어로 만들어봐야 합니다. '언어화된 생각이 올바르다면 이렇게 되지 않을까?'라고 언어로 치환된 시점에야 비로소 가설을 세울 수 있게 됩니다."

모방이나 베낀 것이라고 할지라도 몇 번이고 말하는 동안 자신이 지금까지 가지고 있었던 생각과 융합되어 이윽고 자신만의 언어로 바뀌게 된다.

· https://www.1101.com/architecture

그때 그 아이디어는 과거의 혁신과 비교해 한층 더 레벨이 올라가 있을 것이다. 갑자기 무無에서 개성 있고 혁신적인 아이디어가 나온다는 건 지극히 어려운 일이다. 그런 일이 가능한 사람은 일부 천재들뿐이다.

무언가 더욱 혁신적인 아이디어를 생각해내고 싶을 때는 과거의 수많은 혁신적인 아이디어를 검색하고 찾아보자. 그리고 하루 종일 사색해보자. 그런 뒤에 나온 아이디어를 언어로 바꿔보자. 다시 과거의 사례를 찾아보고, 사색하고, 언어로 바꿔보고, 타인에게 이야기해보자.

이 과정을 반복한다면 당신의 아이디어는 자연스럽게 다듬어지고 가끔은 혁신이 깃들기도 할 것이다.

24 어떠한 일을 생각할 때는 360도의 다양한 각도에서 관찰하자

무엇보다 중요한 점은 항상 숫자를 의식하는 것이다. 관찰할 때는 생각과 결과를 정량적으로 파악하는 습관을 기른다.

숫자를 의식하면서 사고를 진행한다

"왜 사람은 원자보다도 이렇게 큰 것일까?"

생물학자인 후쿠오카 신이치福岡伸一가 자신의 저서 《생물과 무생물 사이》에서 던진 질문이다. 이처럼 과학적인 호기심을 자극하는 질문을 만난 것도 오랜만이었다. 원자가 엄청나게 작다는 사실은 독자분들도 알 것이다.

"사람은 몇 개의 원자로 만들어졌는가?"

중학생 시절에 나는 이런 의문을 가진 적이 있었지만, 이를 역설적으로 되묻자 모든 뇌세포가 꿈틀대는 느낌이었다. 일반적으로 사람은 대략 10의 28제곱 개의 원자, 60조 개의 세포로 구성되어 있다고 한다.

첫 줄에 대한 답은 저자인 후쿠오카의 저서를 읽어보기로 하고, 어쨌든 어떤 일을 생각할 때는 360도의 다양한 각도에서 정보를 관련지어 가는 것이 중요하다. 원자를 예로 든다면, 원자의 크기는 어느 정도인지, 원자가 세상에 몇 종류가 있는지, 어떤 원자가 지구상에 가장 많은지, 사람은 몇 개의 원자로 구성되어 있는지 그리고 왜 사람은 원자보다도 이렇게 큰 것인지 다양한 각도에서 바라봐야 한다. 오른쪽에서 왼쪽으로 바라보고, 다음으로는 위에서 자세하게 관찰한 뒤 아래에서도 똑같이 관찰해야 한다. 안을 들여다보는 것도 좋다. 다른 위치에서 게슴츠레 뜬 눈으로 보는 것도 재미있을 수 있다.

조금 오래된 사례지만, 이를 통해 360도의 다양한 각도에서 정보를 관련지어 생각하는 것에 대해 살펴보자.

"2009년 4월, 온라인 쇼핑몰 라쿠텐Rakuten이 보유하고 있던 TBS 방송국의 모든 주식을 매각한다는 발표가 있었습니다. 방송과 통신의 융합을 꾀하던 길은 멈춰버리고 말았습니다."

이 뉴스를 들었을 때, 당신은 어떤 상상을 했는가? 나는 머릿속에서 다음과 같이 360도 모든 각도에서 이 사건을 바라보았다.

'방송은 텔레비전을 통해 나온다. 일본에 텔레비전은 도대체 몇 대가 있을까? 대략 지금 콘센트에 연결된 텔레비전은 1억 2천만 대 정도일 것이다.'

'텔레비전은 플라스마 텔레비전과 액정 텔레비전이 인기가 좋다. 지금 50인치 정도의 텔레비전은 가격이 얼마나 될까? 싼 것이라도 15만 엔, 비싼 것은 40만 엔에 가까울 것이다.'

'통신 수단 중 하나는 컴퓨터다. 그럼 컴퓨터를 사용하는 사람은 몇 명 정도일까? 브로드밴드에 가입한 세대 수는 약 2,500만 세대다. 한 세대가 3명이라면 7,500만 명 정도가 된다.'

'휴대전화에서도 데이터 통신이 가능하다. 그렇다면 휴대전화에서도 원세그*로 텔레비전을 볼 수 있을 것이다. 원세그를 이용하는 사람은 얼마나 될까? 조사 결과에 따라서 제각각이겠지만, 대략 50~60%의 사람이 이용한다고 한다.'

· 역주: 한국의 DMB와 유사한 서비스로, 휴대전화에서 공중파 디지털 방송을 시청할 수 있는 기술의 대중적인 명칭이다. 공중파가 사용하는 13개 세그먼트 중에서 한 개 세그먼트를 사용한다고 해서 '원세그'라고 불린다.

'방송과 통신의 융합이란 무엇일까? 텔레비전을 보다가 문득 생각날 때 손안의 휴대전화에서 상품을 검색하고 인터넷 통신 판매에서 주문하는 것일까? 2008년에는 휴대전화 통신 판매를 통한 쇼핑 총액이 1조 엔에 도달했다고 집계되었다.'

'생각해보니 최신 텔레비전은 인터넷 접속도 된다고 한다. 파나소닉 Panasonic이나 소니Sony가 참여한 액티빌라acTVila* 서비스를 사용하면, 텔레비전 화면에서 유튜브를 볼 수 있고 영화도 다운로드해서 볼 수 있다고 한다. 그렇다면 아무 텔레비전에서나 볼 수 있을까? 듣자 하니 최신 상위 기종에서만 볼 수 있고, 전체의 10% 정도라고 한다.'

'그럼, 1억 2천만 대의 모든 텔레비전에 그런 기능이 탑재되는 날은 언제쯤일까? 일반 가정의 텔레비전 교체는 짧게는 5년마다 한 대, 길어도 10년에 한 대 정도일까. 가령 6년이라고 가정한다면, 매년 2천만 대의 텔레비전이 팔린다는 말이 된다.
앞으로 팔릴 모든 텔레비전에 그런 기능이 탑재된다고 하더라도 최소 6년은 걸릴 것이다. 또, 침실에 놓인 텔레비전은 좀처럼 교체하지 않을 것이다. 고령자들만 사는 세대라면 더욱 바꿀 일이 없을 것이다. 그렇게 되면 10년 뒤라도 어렵다. 빨라도 15년이 지나야 모든 텔레비전이 이런 기능을

· 역주: 2007년 9월부터 서비스를 시작한 디지털 텔레비전, 휴대전화용 VOD 서비스의 명칭. 일본어 발음 아쿠토 비라는 '열리는 문'이라는 의미이기도 하다.

사용하게 될 것이다.'

'그러고 보니 최근 국회에서 2011년부터 시작 예정인 공중파 디지털 방송 대책이 논의되었다. 게다가 아직 50%의 텔레비전은 공중파 디지털 방송을 수신할 수 없다고 한다.'

'그런데 최근에 NHK는 VOD^{Video on demand} 서비스를 시작한 것 같던데, 여기서는 매달 1,470엔으로 〈NHK 스페셜〉 프로그램도 마음대로 시청할 수 있다.'

'〈NHK 스페셜〉은 내가 좋아하는 프로그램 중 하나다. 이런 텔레비전 프로그램을 컴퓨터에서 볼 수 있다면 이것도 방송과 통신의 융합이라는 생각이 든다.'

'이런 서비스는 어떤 사람들이 신청할까? 나는 아직 신청하지 않았다. 사용해보고 싶지만, 아무튼 3개월 동안 5만 명 정도가 신청했다고 한다.'

'5만 명이라는 이용자는 많은 것일까, 적은 것일까? 〈NHK 스페셜〉로 이용자를 한정할 경우 타깃은 직장인일까? 대략 30대에서 60대 정도, 인구로는 6천만 명, 남성만 해도 3천만 명 정도 된다. 5만 명은 0.2%에 지나지 않는다. 아직 많다고 하기에는 어려운 단계일까?'

이런 생각을 뉴스를 보는 2~3분 동안 떠올려 나간다. 모든 사고에서 중요한 것은 숫자를 의식하면서 생각하는 것이다. 숫자, 특히 아라비아 숫자는 세계 공통 언어이며 설득력이 있다. 숫자에는 마력이 있다. 자신의 발언 중간중간에 숫자를 넣어주는 것만으로도 발언의 무게는 확연히 달라진다.

2019년, 월 정액제 동영상 콘텐츠 송출 서비스(넷플릭스 등)가 이런 통신과 방송의 융합을 실현하고 있다. 영화 한 편의 제작비가 100억 엔을 넘는 작품도 넷플릭스 오리지널 작품으로 제작되는 상황에 이르렀다. 2019년 2월, 제91회 아카데미 시상식에서는 영화관 개봉 작품이 아닌, 텔레비전으로 송출된 넷플릭스 영화 〈로마Roma〉가 감독상을 받았다.

넷플릭스는 왜 그런 거액의 제작비를 투입했을까? 앞선 라쿠텐의 경우를 참고해 넷플릭스에 대해서도 360도 모든 각도에서 바라보기에 도전해보자.

이처럼 연관된 어떤 일을 상하좌우에서 나아가 거시적·미시적 관점에서 생각하고, 여기에 언제나 숫자를 집어넣어 보고, 잘 모르는 것이 있을 때는 그 자리에서 인터넷에 접속해서 검색하고 조사하면 된다. 이렇게 하면 어지간한 정보는 찾아낼 수 있다.

어떤 일을 신중하게 생각하는 것도 필요하다. 예를 들어, 일본에서 콘센트에 연결된 텔레비전은 1억 2천만 대가 아닐 수도 있다. 면밀하게 조사하지 않으면 정확한 답은 알 수 없다. 그렇더라도 모든 일을 신중하게 받아들이기보다는 사고를 점점 확산해나가는 것이 중요하다.

콘센트에 꽂힌 텔레비전의 수를 알고 있는 사람은 세상에 없다. 일본의 세대 수가 5천만을 넘는다는 것은 사실이다. 일본에는 호텔이 대략 1만 개가 있다는 것도 사실이다. 병원도 1만 개 정도 있다. 그리고 그런 장소에는 반드시 텔레비전이 있다. 그렇다면 콘센트에 연결된 텔레비전 수가 1,200만 대일리 없다. 훨씬 많을 것이라는 걸 직감할 수 있다. 하지만 12억대는 아닐 것이다. 한 사람당 텔레비전 10대가 되어 버리기 때문이다.

모든 일에서 중요한 것은 무엇보다 규모감을 파악하는 것이다. 보다 정확한 대답이 필요해지면 그때 면밀하게 찾아보면 된다. 그보다 우선 사고를 확장시키는 편이 훨씬 더 재미있는 발상을 떠오르게 만든다.

생각지도 않았던 뉴스가 날아들 때마다 360도 모든 각도에서 뉴스를 파악해보자. 모든 사고에서 가능한 정량적인 요소를 넣어보자. 그렇게 축적된 지식은 큰 재산이 된다.

25 성장이 멈췄을 때, 평범한 일일수록 누구보다 철저하게 잘하라

어떤 일은 정량 평가가 어렵거나 진행 상황을 알기 어려울 때도 있다.
그렇다고 하더라도 결코 성장이 멈춘 것은 아니다.

정체되었다고 느끼는 순간에도 발전하고 있는 것이 있다

지금 하는 일이 매우 지겹게 느껴질 때, 좋게 말하면 불가능한 일이 없어졌다고 느껴질 때, 나쁘게 말하면 하고 싶은 일이 회사에 없을 때, 이 회사에 이대로 몸을 맡겨도 될지, 이 일에는 도대체 어떤 가치가 있을지, 지금 자신은 성장하고 있는 건지 하는 생각이 들 것이다. 이런 생각을 하면서 번민의 나날을 보내고 있을지라도 이는 비단 당신만의 문제는 아니다. 모든 사람에게는 살다 보면 이런 기분이 드는 시기가 찾아온다.

예전에 재즈 트롬보니스트 크리스 위시본의 연주를 들을 기회가 있었다. 그는 뉴욕 등지의 재즈바에서 연주를 하는 한편, 컬럼비아 대학교에서 조교수로 재직 중이며, 미크로네시아 같은 섬나라와 카리브해 제도 등 세계를 누비면서 인류가 지금까지 만들어낸 다양한 악기를 연구하고 있었다.

크리스는 재즈에 똑같은 연주가 없다고 했다. 트롬본, 트럼펫, 피아노, 콘트라베이스 등 연주자들의 그날 컨디션이나 기분에 따라 연주는 미세하게 변화한다고 했다.

나는 그에게 이렇게 물었다.

"재즈에 똑같은 연주가 없다는 건 이해하지만, 미세하게 변화하는 연주는 모두 당신의 감성이 추구한 결과다. 그렇다면 연주나 소리에 대한 당신의 기호는 선천적인 것인가, 아니면 후천적인 것인가? 신체가 반응하는 소리가 크리스가 매일매일 추구하는 그런 소리인가? 만약 오늘 연주를 갓 태어난 크리스가 들었더라면, 당신의 유전자는 그 연주를 훌륭하다고 생각할 것인가?"

크리스의 대답은 단호한 "Yes"였다.

"나는 음악이 DNA에 호소한다고 생각한다. 나는 세계 여러 나라와 섬들을 돌아다니면서 한 가지 공통점을 발견했다. 그것은 아무리 좁은 섬일지라도, 아무리 소수 민족이라도 그곳에는 반드시 음악이 있었고, 악기가 있었고, 소리가 있었다는 점이다. 모든 민족은 제각각 유전자에서 느끼는 소리를 추구한 결과물로써 자기 민족만의 악기를 만들어낸 것이 아닐까 하는 생각마저 들었다. 그래서 나는 무대에 설 때마다 언제나 나의 DNA가 반응하는 소리를 추구하고 있다."

나도 어린 시절에 피아노를 잠시 배운 적이 있었다. 그다지 잘 치지는 못했지만, 연습했던 곡에 대해서는 일종의 고집이 있었다. 감성이 반응하지 않으면 곡을 치고 싶은 기분이 들지 않았던 것을 기억한다.

재즈나 음악, 나아가 연극 같은 퍼포먼스를 관객에게 펼치는 전문가는 무엇을 성공의 기준이라고 생각할까? 보러 와준 관객 수? 관객의 반응? 스스로가 납득할 만한 연주? 아니면 자신의 DNA가 반응했을 때? 아티스트는 일상적으로 많은 관객 앞에서 연주를 할 수 있게 될 즈음이면 자신의 성장 정도를 알기 어려워지는 것은 아닐까?

진정한 음악은 색이 바래지 않는다. 수백 년이 지나도 사람의 마음에 울려 퍼지는 선율이 존재한다. 다만 이렇게 색이 바래지 않는 것은 좀처럼 정량적인 평가를 하기 어렵다. 갈고닦으면 닦을수록 스스로가 얼마만큼 발전했는지 알기 어려워진다. 이럴 때 '일상적인 것일수록 더욱 철저하게 잘하는 것'이 진정한 프로의 길이 아닐까.

다도를 마스터한 고승 센 리큐千利休는 이런 말을 남겼다.

"만약 당신이 당연한 일을 당연하게 할 수 있다면, 언제라도 당신의 제자가 되겠습니다."

정체되어 있다고 느낄 때도 발전하고 있는 것이 있다. 성장이 멈췄기 때문에 그런 기분이 드는 것이 아니라, 성장했기 때문에 변화를 알기 어려운 수준에 도달했다고 생각하는 것이 맞다. 일상적인 일을 더욱 잘한다는 것에는 커다란 부가가치가 있다.

감정 노동이라는 말이 있다. 육체노동은 육체적인 운동을 시간당 부가가치로 삼는 비즈니스다. 이에 반해 감정 노동이란, 정해진 시간 동안 특정한 감정 상태로 일하는 것이 부가가치가 되는 비즈니스다.

예를 들어, 콜 센터 전화 상담원 업무의 경우, 콜 센터나 고객 창구에 걸려오는 전화는 제품의 사용법이나 영업시간을 묻는 것만이 아니다. 그중에는 무턱대고 클레임을 걸고자 고함치는 소비자도 있을 것이다. 그러한 상황에서 요구되는 감정 노동이란, 클레임을 거는 소비자가 진정될 때까지 이야기를 듣고 사과하는 것이다.

간호사의 일도 감정 노동에 해당된다. 야근 등도 포함하면 육체 감정 노동이라고 불러야 할지도 모르겠다. 입원한 환자 중에는 그다지 긴급한 사태가 아닌데도 수시로 간호사 호출 버튼을 눌러서 간호사를 불러대는 사람이 있다. 응대가 늦어지면 병원 방침이 어떻다는 둥 의사를 불러오라는 둥 막무가내인 사람도 있다.

이런 일들은 '역할에 충실한 상태를 유지하는 것'에 매우 큰 가치가 있다. 어떤 의미에서는 자신의 본래 인격을 배제한 상태로 행동하는 것이 좋을지도 모른다. 세상 누구도 나를 대신할 수 없을 때, 그 일을 해낼 수 있다는 것에 매우 큰 의미가 있는 것이다. 그때 그 장소에 있기 때문에 나를 필요로 하는 사람들이 안심할 수 있는 서비스를 제공할 수 있기 때문이다.

영업 성적 수주액과 제품의 판매 대수와 같은 정량적으로 알기 쉬운 지표로 스스로의 성장 정도를 측정하는 것도 하나의 방법이다. 수주액에 대해 생산성을 높이고 이익률을 높이는 것에도 큰 기쁨이 존재할 것이다. 그런 지표를 추구하는 것도 매우 좋은 일이다.

다만 성장은 반드시 이렇게 알기 쉬운 지표를 사용해 측정할 수 있는 것은 아니다. 그럴 때는 정량적인 평가가 불가능하더라도, 진행 상황을 알기 어렵더라도 괜찮다. 자신만이 가진 고유한 감성을 바탕으로 해낼 수 있는 가치 있는 것을 일 속에서 찾아내기 위해 노력해보라. 반드시 그것을 발견하게 될 것이다. 그리고 그런 것들은 쉽게 퇴색되지 않는 당신만의 특징이 될 것이다.

일상적인 것일수록 더욱 철저하게 잘하는 것. 그것에는 틀림없이 큰 가치가 있다.

26 근거 없는 자신감만이 리더를 강하게 만든다

모든 사람은 미래를 개척해 나갈 힘을 가지고 있다. 보다 좋은 미래를 만들 가능성을 지니고 있다. 스스로를 의심하지 말고 당당하게 앞으로 나아가자.

근거 없는 자신감으로 당당하게

10년도 더 지난 일이다. 주식회사 얏파ヤッパ의 이토 마사히로伊藤正裕 사장 (현재 주식회사 조조ZOZO의 이사 겸 COO)의 강연을 들은 적이 있다. 그는 17세의 나이에 회사를 창업한 수재로 당시에도 고등학생 사장이라고 세간의 주목을 받았고, 내가 강연을 들었을 때도 여전히 23세의 청년이었다. 창업 후 6년 동안 수많은 아수라장을 헤쳐 나왔다는 것을 이야기 중간중간에 느낄 수 있었다.

그때 이토가 이야기한 '6가지 리더십'이 내가 40년간 살아오면서 느낀 것과 아주 가까웠기에 여기서 소개하고자 한다.

첫째, "역경은 성장의 양식(Pressure makes diamonds)"이다. 나도 좋아하는 말 중 하나다. 이토가 말하길, 자신을 항상 잘 다스릴 수 있는 사람은 없으며, 역경을 경험해보지 않으면 아무것도 만들어낼 수 없다는 말이다. 저명한 예술가인 오카모토 타로岡本太郎 역시 "저는 인생의 기로에 섰을 때, 언제나 어려운 길만을 골랐습니다"라고 말한 바 있다.

둘째, '명확한 비전과 목적 그리고 적을 가진다'. 여기서 중요한 것은 비전이나 목적의 내용이 아니라, '명확한 것'을 가진다는 점이다. 그리고 이를 서로가 이해하는 데 의미가 있다. 이는 3장의 스타트업 편에서 다룬 내용과 공통점이 있다.

셋째, '열정'이다. 열정을 가지고 끝까지 토론하는 것, 때로는 서로 날을 세우고 부딪치는 것도 중요하다. 특히 창업기에는 논쟁을 벌이는 일이 종종 있다. 이는 사업에 대해 열정이 있고, 진지하게 임하기 때문에 양보할 수 없는 경우가 생기기 때문이다. 구성원을 이끄는 리더로서, 열정이 없는 상태란 상상하기도 싫을 것이다. 열정 없는 사람은 아무도 따라오려 하지 않는다.

넷째, '상식에 사로잡히지 않는 흡인력'이다. 이때 이토가 다음과 같이 재미있는 사례를 들었던 것이 인상적이었다.

예를 들어, 우리가 매일 아침 양말을 신을 때 발은 새로운 섬유질에 닿는다. 발의 세포 하나하나가 이를 느낄 것이다. 그럼에도 불구하고, 몇 분 뒤에는 양말을 신고 있다는 사실조차 잊어버린다.

또 다른 예로 그는 프랑스의 거리를 걸으면서 돌포장 찻길이나 예술 작품 같은 문 손잡이에 감동받았다고 한다. 하지만 지나가던 프랑스인에게 그 감동을 전달한다 해도 그들은 이해하지 못할 것이다. 프랑스인에게 도로란 당연히 깎은 돌을 깔아서 만든 것이며, 문 손잡이는 당연히 예술 작품을 흉내 낸 조각으로 만들기 때문이다.

사람은 무의식중에 '상식이라고 하는 프레임'을 만들어버린다. 무의식중에 주변 환경으로부터의 자극 대부분을 일종의 상식으로 치부하고 지각하지 않도록 하고 있다. 그렇게 하지 않으면 하루를 살아가는 데 너무 많은 자극을 받을지도 모른다.

양말을 신은 아침부터 저녁까지 계속 위화감을 느낀다면 일에 제대로 집중하지 못할 것이다. 모든 것들이 자극의 연속이라면, 이는 갓 태어난 아기와 같은 셈이다.

무엇보다 유연한 흡인력을 갖도록 해보자. 그렇게 하면 어떤 일의 보이지 않았던 측면을 알 수 있게 된다. 신고 있는 양말을 하루에 한 번 떠올려보는 것도 재미있을 것이다. 양말과 혁신은 사실은 가까운 사이일 수도 있다.

다섯째, '감과 운과 근성'이다.

사실, 운이 좋은 사람이 감도 좋다. 감이 좋은 사람은 평소에 어떤 일이라도 끈기 있게 포기하지 않고 도전을 멈추지 않는다. 그래서 남이 보면 우연히 감으로 때려 맞춘 것처럼 보이기도 한다. 하지만 끈기 있게 근성을 가지고 임했기에 운도 찾아오는 것이다.

경영의 신 마쓰시타 고노스케松下幸之助의 생각도 이와 동일하다. 채용 면접에서 자신에겐 운이 없다고 말하는 사람은 아무리 우수하더라도 뽑지 않았다는 유명한 일화도 있다. 사업을 추진하면서 위기가 닥쳤을 때, 이를 기회로 볼 것인가 운이 나쁘다고 생각할 것인가에 따라서 다음 첫걸음이 결정적으로 달라지기 때문이다.

여섯째, '근거 없는 자신감'이다. 강력한 리더십을 발휘하는 사람은 근거 없는 자신감과 신념을 가지고 사람들을 이끌어 간다. 그 밑바탕에는 '끝날 때까지는 아무것도 알 수 없다'라는 생각이 깔려 있다. 근거가 없기 때문에 자신감도 좀처럼 무너지지 않으며 포기할 줄도 모르는 것이다.

2005년에 개봉한 영화 〈올웨이즈 – 3번가의 석양〉은 고도 경제 성장기였던 1958년 도쿄의 서민 동네가 배경이다. 도쿄 타워는 한창 건설 중이며, 텔레비전이나 자동 세탁기가 모든 가정에 있던 시절도 아니었고, 자동차가 없던 사람들이 훨씬 많았다. 하지만 사람들의 눈은 빛났으며, 미래는 희망으로 가득 찼던 시절을 묘사한 영화다. 당시 아이들은 21세기에는 자동차가 하늘을 날아다닐 거라고 진심으로 믿고 있었다.

영화를 보다가 마치 허를 찔린 것만 같았던 장면이 있었다. 주연 츠츠미 신이치堤真一가 연기한 스즈키오토 사장인 스즈키가 너덜너덜한 삼륜차를 운전하면서 이런 말을 한다.

"도쿄 타워가 세워지면 세계에서 가장 높은 건물이 된다더라! 나도 미래에는 스즈키오토를 아시아, 아니 세계로 진출시킬 거야. 그렇게 되고말고.

난 자신 있어!"

부언하자면 이때 스즈키오토라는 회사는 당장에라도 쓰러질 것 같은 낡은 목조 2층 건물에서 자택과 사무실을 겸하고, 1층에서 자동차 수리를 전문으로 하던 아주 작은 회사였다. 사원은 10대 여성 한 명이 전부였다.

스즈키의 말을 한마디로 표현하자면 '근거 없는 미래 지향'이다. 하지만 굳이 근거가 있어야 할까? 리더라면 오로지 미래에 대한 희망을 갖고 사는 것을 가장 소중히 여겨야 한다.

가수 나가부치 츠요시長渕剛의 노래 중에서 〈Captain of the ship〉이라는 곡이 있다. 살아간다는 것을 격정적으로 노래한, 13분에 걸친 대작으로 다음과 같은 가사들이 나온다.

"내일부터 네가 방향타를 잡아라", "삶의 의미를 찾아가", "한심한 환상에 사로잡히지 않고", "오로지 앞으로 나아가자", "지금 바로 하얀 돛을 높이 올려라".

조직에 속해 있다 보면 그곳에 매몰되어 버릴 것 같은 기분이 들 때가 있다.

'나는 지금 진짜 방향타를 잡고 있는 것일까?'
'누군가가 방향타를 맡겨주기만을 기다리고 있었던 게 아닐까?'

리더의 등을 떠밀어주는 사람은 아무도 없다. 결과는 나중에 따라오기 마련이다. 근거가 없어도 괜찮다. 미래 지향적으로 살아가자. 모든 사람에게는 미래를 개척할 힘이 있다. 보다 좋은 미래를 만들어 나갈 가능성이 있다. 나는 그런 가능성만 바라본다.

27 아마추어는 책상 앞에서 머리만 굴리고, 프로페셔널은 움직인다

스스로 믿는 것으로 형태를 만들고, 사회에 널리 퍼뜨리기 위해 노력하자.
이를 위해서는 움직여야 한다. 움직이기만 한다면 미래를 바꿀 수 있다.

사회를 바꾸는 사람은 행동하는 사람이다

2009년, 내가 33세 때의 일이다. 당시 나는 창업을 염두에 두고 있었다.

'IT 스타트업을 만들어서 세상을 바꿔보자.'

마치 한껏 들떠 있는 소년의 기분이었다. 당시 내가 생각했던 아이디어는
정보 포털 사이트 형태로, 사용자는 자신이 추진하고 싶은 프로젝트를 소

개하고 이에 필요한 자금을 모으는 방식이었다. 투자 금액은 몇천 엔부터 몇만 엔까지이며, 투자 금액에 따라서 프로젝트에 관련된 물건이나 제품을 얻을 수 있다. 또한 투자한 사람은 프로젝트에 관여하는 것도 가능한 아이디어였다. 프로젝트명은 '소셜 인피니티'로 지었다.

노무라 종합연구소에 재직 중이었던 나는 주변 컨설턴트나 상사 그리고 그때까지 구축해왔던 인맥(주로 컨설팅 서비스의 클라이언트)들에게 아이디어 프레젠테이션을 했다.

대부분의 사람들의 감상과 평가는 다음과 같았다.

"왜 알지도 못하는 타인이 추진하는 프로젝트에 돈을 써 가면서 지원해야만 하는가?"

결국 나는 창업을 포기했다.

몇 년 뒤, 이 사업 아이디어는 '크라우드 펀딩'이라는 이름으로 일반 대중에게도 널리 알려지고 이용되기 시작했다.

2010년, 나는 다시 새로운 사업 아이디어를 떠올렸다. 런던과 네덜란드의 지방 도시 유트레히트에서 발견한 싯츠투미트Seats2meet라고 하는 비즈니스를 기반으로 한 아이디어였다. 도쿄 내의 남아도는 사무 공간을 개조해 스타벅스보다도 세련된 카페 공간을 만들고, 그 옆에는 프레젠테이션이 가능한 이벤트 공간을 만드는 것이다. 창업가와 대기업의 전문가들을 불러서 업종을 초월한 만남을 연출하고, 혁신을 유발하는 공간 대여 서비스다.

나는 이 아이디어도 몇십 명에게 프레젠테이션을 하며 돌아다녔다. 하지만 이 또한 사람들의 감상과 평가는 비슷했다.

"타사 사람들과 등을 맞대고 일하거나 아이디어를 공유하면 비밀 보장은 어떻게 할 것이며 지적재산권은 어떻게 할 것인가? 정보 보안은 어떻게 유지할 것인가?"

나는 또다시 창업을 포기해버렸다.

몇 년 뒤, 그런 공간은 코워킹 스페이스co-working space라는 이름으로 불리게 되었고 지금은 미츠비시 계열사, 노무라 계열사, 대형 제조사의 계열사 등 수많은 대기업이 제공하는 서비스가 되었다.

2012년, 소셜 게임사 그리에서 일하고 있던 나는 싱가포르 지사를 설립하기 위해 싱가포르로 이주했다. 그리에서 몸담은 기간은 2년이 채 안 되었지만 국내외에서 다양한 창업가들과 어울릴 기회가 있었다. 상장한 창업가, 회사를 매각한 창업가, 펀드를 설립한 창업가, 엔젤 투자가로 수십 개 회사에 투자한 경험이 있는 베테랑, 직원이 몇 명뿐이었던 회사를 몇 년 만에 50명에서 100명으로 확대한 창업가, 몇 번이고 자금난을 겪으면서도 회사와 사업을 어떻게든 살려낸 창업가 등 나는 다양한 창업가들을 수백 명이나 만날 수 있었다.

그러고는 생각했다.

'어떤 일을 이루어낸 사람과 나에게는 도대체 어떤 차이가 있는가?'

내가 만난 뒤에 '엄청나다'라고 생각한 사람과 나의 차이는 무엇일까?

이는 단 한마디로 설명할 수 있었다. 그것은 바로 항상 '움직인다'는 점이었다. 어떤 사업이 재미있다고 느껴진다면 바로 시작하면 된다. 단지 그것뿐이다. 누가 뭐라 하든지 그 서비스가 사회에 필요하다고 생각한다면 그냥 시작하면 되는 것이다. 사업을 추진하기 위해서 어떤 회사의 사장과 만나고 싶다고 생각했다면 만나러 가면 된다.

만날 수 있을까, 갑작스러운 방문으로 실례가 되지 않을까, 그런 생각은 버리자. 그 사업을 통해 보다 좋은 사회를 만들 자신이 있다면 만나러 가면 된다. 사회를 개혁하려는 사람이 자신을 만나러 왔는데, 이를 실례라고 생각할 사람은 아무도 없다.

생각만으로는 아무것도 만들어낼 수 없다. 행동하지 않으면 아무것도 변화하지 않는다. 생각하는 것만으로는 그것이 아무리 100시간, 1,000시간을 넘더라도 1시간의 행동에 패배할 수밖에 없다.

내가 만나온 사회를 개혁하는 사람들은 모두 행동하는 사람들이었다. 생각하지 않는 것이 아니다. 뇌가 닳아 없어질 정도로 생각한 뒤에 행동으로 옮기는 사람들이었다.

"아마추어는 책상 앞에서 머리만 굴리고 프로페셔널은 움직인다."

진정으로 사회를 개혁해 나가고, 사업을 키워 나가고, 회사를 재건해 나가는 리더들과 나의 차이는 이 한마디로 설명할 수 있었다. 이를 깨달은 이후부터 나는 무조건 움직이는 것에 집중했다. 2012년에 싱가포르에서 창업한 이후, 머릿속에 떠오른 사업은 전부 실행에 옮겼다.

다양한 분야의 사람들을 불러 모아 혁신 이벤트를 제작하고 싶어 카오스 아시아라는 이벤트를 개최했다. 이커머스e-commerce 사이트에서 성실하게 물건과 서비스를 판매하는 사업 모델에 도전해보고 싶어 유어와이파이 Yourwifi라는 서비스를 오픈했다. 음식점도 경영해보고 싶었다. 싱가포르 기업과 합작 벤처 형태로 일본 홋카이도 오비히로 지역의 돼지 덮밥을 파는 음식점 오픈에도 참여해보았다. 예전에 생각했던 코워킹 스페이스를 아시아에 만들고 싶었는데, 이왕이면 좀 더 혁신적인 장소에서 열고 싶어 인도네시아 발리에 만들었다. 아시아에서의 창업이 일단락될 때 즈음, 일본에서도 승부해보고 싶다는 생각이 들어 2016년에 라스트루츠라는 회사를 설립했다.

나는 계속 움직였다. 오로지 움직여야 한다. 한 걸음이라도 움직인다면 미래를 바꿀 수 있다. 계속 새로운 사람들을 만나러 가야 한다. 지금까지 만난 적이 없던 사람들과의 만남은 미래를 바꾼다. 새로운 아이디어와 만날 수 있기 때문이다.

처음 보는 사람이라도 이메일과 페이스북, 트위터로 무턱대고 약속을 잡고 만나러 간다. 내가 추진하는 사회 개혁에 필요하다고 생각되면 아무리 해외에 있는 사람이더라도 만나러 간다. 그 자체로 새로운 미래가 시작되기 때문이다. 물론 처음 보는 사람과 갑작스럽게 약속을 잡는 것은 용기가 필요하다. 하지만 부끄러움쯤이야 사회를 바꾼다는 생각 앞에서는 아무런 방해도 되지 않는다.

반대 입장에서도 마찬가지다. 2016년에 ≪해외로 뛰쳐나가기 전에 알아야 할 것들≫*이라는 책을 출판한 적이 있었는데, 페이스북 등을 통해 많은 독자들에게 만나고 싶다는 연락을 받았다. 기본적으로 나는 모든 연락에 답장을 준다. 그리고 도쿄로 찾아와주는 대부분의 사람들과 만난다. 그러한 만남은 미래를 바꿀 가능성이 있기 때문이다.

2019년, 나는 만남이 미래를 바꾸는 것을 콘셉트로 블록체인 기술을 사용한 서비스 회사 뱃지baiji를 세웠다. 이 사업 아이디어를 몇 명의 창업가 친구들에게 피력했을 때, 감이 오지 않는 사람, 의외로 공감하는 사람, 일부 기능에 대해서는 반드시 바꿔야만 한다고 하는 사람들에게 다양한 의견을 들었다. 그걸로 충분하다. 자신이 믿는 것을 만들어내고 이를 사회에 펼쳐 나가는 것. 이를 위해서는 오로지 움직여야 한다. 오늘도 내일도 오로지 움직이는 것이다.

· 역주: 원제 ≪海外に飛び出す前に知っておきたかったこと≫, 2016년 5월 출간.

긴 에필로그
그리고 리더로 살아오며
배운 3가지

아버지로서, 리더로서

2012년 말, 싱가포르에 살고 있을 때 창업을 했다. 내 나이 37세 때였다. 일본이 아닌 타국을 첫 창업의 땅으로 골랐던 이유는 세계 어디에서나 통용되는 사람이 되고 싶었기 때문이다. 타국에서 살아남는 편이 단기간에 어느 나라에서도 통용되는 사람이 되기 위한 기술을 몸에 익힐 수 있다고 생각했다.

나에게는 아이가 셋 있다. 올해 11세인 첫째 딸, 그리고 9세인 둘째 아들과 6세인 셋째 아들이다. 내가 창업했을 때 셋째는 아직 태어나지도 않았다. 그런 와중에 2명의 동료와 창업을 하고 작은 스타트업의 사장이 되었다.

사실 가장 어린 셋째에게는 신체장애와 지적장애가 있다. 아이는 싱가포르에서 2013년 10월 1일에 태어났다. 내가 창업한 날이 2012년 11월 1일이니 창업한 지 약 일 년 뒤에 나는 셋째와 만났다. 지금까지 내가 리더로서 살아온 7년간의 궤적을 통해 얻은 것들로 이 책을 마무리하려 한다.

7년 동안, 나는 사업에서 체득한 것 이상의 것들을 셋째 아이에게 배웠다. 지금까지 아이가 장애를 가졌다는 말을 아끼고 살아왔다. 숨기고 싶었고 동정받는 것이 싫었지만, 분명한 이유는 사실 나도 잘 모르겠다. 7년간 사업을 하며 고군분투했던 장면과 셋째의 살기 위한 싸움을 시간순으로 소개하려 한다. 비즈니스맨으로서, 창업가로서, 부모로서, 아버지로서, 사회의 주민으로서 그리고 리더로서 독자분들에게 무언가 생각할 계기를 만들어 드리고 싶다.

셋째 0세, 창업 2년 차(2013년 10월~2014년 9월)

나는 노무라 종합연구소에서 경영 컨설턴트로 9년간 일한 뒤, 그리로 이직했다. 그때가 35세로, 그리에서는 주로 해외 사업 개발을 맡았다.

2012년 초, 그리의 싱가포르 지사 설립과 함께 현지로 부임해 동남아시아와 인도를 주로 담당하며 기업 매수와 사업 제휴를 추진했다. 그 후 2012년 말에 싱가포르에서 첫 창업을 했고, 회사의 이름은 딕시Diixi Pte. Ltd.로 지었다.

그곳에서 카오스 아시아라고 하는 이노베이션 피칭 이벤트를 프로듀싱하는 사업을 진행했다. 전 세계의 혁신가들을 모아서 네트워크를 만들고, 육성하고, 최종적으로는 펀드를 조성해 많은 창업가들을 세계로 배출하는 장소가 되는 것을 목표로 삼았다.

2013년 11월, 셋째가 태어나고 한 달 뒤, 그 이벤트를 성공리에 마무리지을 수 있었다. 참가자는 전체 32개국, 이틀간 연 500명, 등단자는 88명으로, 인생에서 가장 만족스러운 결과물이었다.

그때는 셋째와 나의 5년 후 인생이 지금처럼 바뀔 것이라고는 눈곱만큼도 상상할 수 없었다.

아이는 0세일 때부터 다섯 번의 입원과 퇴원을 반복했다. 결론적으로 말하자면 병명은 알 수 없었다. 지금까지도 병명을 밝혀내지 못했다.

최초의 입원은 2014년 2월, 그때 나는 두 번째 회사인 유어와이파이를 창업하고 서비스를 갓 론칭한 시기였다. 유어와이파이는 이커머스 사이트였고, 아이가 일주일간 입원해 있는 동안, 나는 병실에서 사이트 수정과 주문 응대에 쫓겼다. 아이는 천식과 약한 기관지로 가래가 끓어도 자력으로 뱉지 못해 언제 호흡 곤란이 올지 모르는 상태였다. 걱정은 되었지만 서서히 개선될 거라고 생각했다.

2014년 봄이 다가올 즈음, 셋째가 열성 경련을 일으켰다. 몸이 약해서 종종 열이 오르고 숨 쉬는 것이 고통스러워 보였다. 열이 38도, 39도를 넘으면서 열성 경련을 일으키는 때가 잦아졌다. 그럴 때마다 입원과 퇴원을 반복하는 나날이 몇 달 동안 계속되었다. 입원할 때마다 아이의 상태는 어딘가 좋지 않았다. 단순한 감기도, 열성 경련도, 천식도 아니었다. 호흡장애인가? 어딘가 이상했다. 입원할 때마다 수많은 검사를 받았다. 작은 몸으로 MRI도 몇 번이나 찍었다. DNA 검사도 해봤지만 설명이 너무 전문적이었고 항목도 너무 많아서(100항목 이상) 나도 더 이상 뭐가 뭔지 모르는 상태가 되었다. 그나마 알게 된 것은 원인 불명이라는 것. 기관지를 열어주기 위해 아이는 일상적으로 네뷸라이저nebulizer를 하고 있어야 했다.

2014년 봄부터 여름에 걸쳐, 나는 3가지 일에 몰두하고 있었다. 딕시로서는 두 번째인 카오스 아시아 개최, 유어와이파이의 사업 확장 그리고 발리의 코워킹 스페이스 웨이브Wave를 소울메이트들과 함께 설립했다.

유어와이파이 사업에는 당초 계획상으로 2천만 엔(약 2억 1천만 원) 정도의 투자가 필요했다. 사업 파트너와 함께 세울 예정이었던 그 사업은 갑작스러운 파트너의 출자 취소로 내가 전액을 부담해야 했다. 예상치 못했던 일이었다. 하지만 당시에 이미 절반 가까이 투자가 진행된 사업을 도중에 포기할 수도 없었다. 얼마 안 되는 저축으로 투자를 하고, 그 사업에 배팅해보는 방법 외에는 길이 없었다.

카오스 아시아는 혁신 이벤트로 성공하긴 했으나, 여전히 투자 단계여서 이 역시도 큰 비용이 들었다.

창업 2년 차에는 자금에 쪼들렸다. 싱가포르는 물가가 비싸서 이주한 당시 싱가포르 화폐 1달러당 65엔 정도였던 것이 약 95엔까지 폭등했고, 집값도 비싸서 월 50만 엔이나 되었다.

그때까지 네 번의 입원비(도합 한 달간 입원)도 매우 비쌌으며, 통원비를 더하면 수백만 엔 이상이 들었다. 매출도 심상치 않았다. 해외 창업가 2년 차에게 이 정도의 지출은 솔직히 절망적일 정도로 고통스러웠다.

그리고 2014년 9월 어느 날의 새벽 1시 30분, "셋째 상태가 이상해요!"라는 아내의 목소리에 놀라 일어났다. 급성 열성 경련이었다. 아이를 안아 들고 보니 마지막 숨을 쉬는 듯한 모습에 나는 큰 소리로 아이의 이름을 불렀다.

우리는 한밤중에 택시를 잡아타고 급히 병원 응급실로 향했다. 응급실 안에는 이미 응급 처치를 받기 위해 긴 줄이 있었다. 아이는 택시 안에서 숨을 되돌리기는 했으나, 여기서 기다려야 하는 것에 말문이 막혔다.

그때 안고 있던 아이의 상태가 다시 급변했고, 경련을 일으키면서 의식 불명 상태가 되었다. 나는 집중 치료실의 붉은 램프가 켜진 문을 발로 차면서 외쳤다.

"Help him, doctors please. He is just a 1-year-old boy and cannot breath…!(의사 선생님, 이 아이를 살려주세요. 아직 한 살밖에 안 된 남자아이고요, 애가 숨을 쉬지 않아요!)"

의사 2명과 간호사 3명이 달려와서 응급 처치를 시작했다. 이번에는 가망이 없을 수도 있었다. 나는 병원 복도에서 멍하니 서 있었다.

잠시 후, 집중 치료실에서 24시간 체제로 의사와 간호사가 붙어서 처치를 할 테니 귀가해서 입원에 필요한 짐을 챙겨 오라는 지시를 받았다.

다음 날 아침, 나는 집중 치료실에 있던 셋째의 곁으로 가서 위기를 견뎌주었던 그의 머리를 쓰다듬을 수 있었다. 아내에게 아이를 맡기고는 응급 처치 비용을 내러 수납처로 간 나는 비용을 보고 눈이 휘둥그레졌다. 소설에서는 몇 번이고 접한 표현이지만, 내 자신이 진짜 그렇게 될 줄은 생각지도 못했다. 사람은 진짜 눈이 휘둥그레진다. 하룻밤 치료비가 무려 150만 엔(약 1,600만 원)이었다. 나는 놀란 눈으로 신용카드를 내밀었다.

일주일 뒤, 나는 도쿄로 날아가 카오스 아시아 도쿄를 시부야에서 개최했다. 입원한 아들을 남겨두고 올 때는 마치 누가 다리를 잡아당기는 느낌이었지만, 일주일을 남긴 이벤트의 총괄 프로듀서로서 결석할 수는 없는 일이었다.

시부야의 이벤트에는 250명이 모였고, 소울메이트라고 할 수 있는 3명의 동료와 함께 이벤트를 대성공으로 프로듀싱할 수 있었다(적자였지만). 셋째를 위해서도 혼신을 다해 광기에 사로잡힌 기분으로 임한 하루였다.

셋째가 0세였던 일 년간, 다섯 번의 입원으로 치료비는 약 1,200만 엔이 나왔다. 한편, 창업 2년 차 투자액은 2천만 엔 정도로 불어났으며, 이때 내 머릿속에는 앞으로에 대한 걱정으로 '불안'이라는 두 글자밖에 없었다. 리더십은 문제가 아니었다. 단지 어떻게 살아남을지만 생각했을 뿐이다.

셋째 1세, 창업 3년 차(2014년 10월~2015년 9월)

번번한 투자와 지출로 인해 나는 일부 사업을 정리했다. 우선, 유어와이파이에 모든 것을 걸어보기로 했다. 이 때문에 첫번째 회사인 딕시 시절 동료들과도 힘든 이별을 해야 했다.

2015년 2월에는 말레이시아의 쿠알라룸푸르로 이사했다. 비용 절약을 위해서였다. 또한 첫째와 둘째가 다닐 쿠알라룸푸르 국제학교의 학비도 매력적이었다. 유어와이파이 사업은 호전되기 시작했고, 2년 차에 수익은 세 배 이상으로 늘어나 큰 수익을 거둘 수 있었다. 나는 매주 쿠알라룸푸르에서 싱가포르로 출퇴근했다.

이때, 새롭게 벌인 일이 홋카이도 오비히로 지역의 음식점 부타하게 Butahage를 싱가포르에 진출시킨 것이었다. 오픈 시기는 6월로, 싱가포르 대기업과의 합작 벤처 형태였다. 창업 3년 차가 되면서 사업은 호전되었고, 이익을 내는 상태를 어렵지 않게 유지할 수 있었다.

셋째는 응급실 입원 이후로 몸도 제법 건강해졌지만, 그동안 몇 번이나 병원 신세를 지기도 했다. 1월에 한 번 응급차를 탔고, 4월에는 여행을 간 발리에서 응급실에 실려 가기도 했다. 그래도 서서히 건강해지고 있다는 느낌이 들었다.

한편, 그즈음부터 알아채기 시작한 것이 있다. 아이는 한 살 반이 되어도 목을 가눌 수가 없었고 걷지 못했다. 말을 하지 않았고, 척추가 약해서인지 안아 올리면 축 늘어졌다. 어딘가 이상했다. 쿠알라룸프르의 병원에서도 몇 번이나 검사를 계속했다. 이 아이에게 장애가 있는 것일까, 아니면 단지 발달이 늦은 것뿐일까.

싱가포르에서 쿠알라룸푸르까지 통원 횟수만 2년간 수십 번, 검사도 족히 열 번은 되었다. 그럼에도 여전히 원인을 알 수 없었다. 병명조차 모른다. 그렇게 답답한 나날이 계속되었다.

하지만 아이의 상태가 호전될 때도 있었다. 쿠알라룸푸르에는 전인적 통합 특수교육Conductive Education이라는 치료법을 실시하는 소아마비 전문인 요육療育*시설 스마일 앤 스텝Smile and Step이 있었다. 이 치료법은 헝가리가 발상지였으며, 그곳에서 보기 선생님을 만났다. 실례되는 말이지만, 나는 사실 처음에는 치료법에 회의적인 입장이었다. 하지만 시설에 다니기 시작한 지 서너 달이 지날 무렵, 갑자기 아이가 바닥을 짚고 일어서기 시작했다. 그때가 두 살 반 즈음이었다. 아직 일본에는 이 치료법을 들여온 시설을 찾지 못했다. 일본에서도 꼭 널리 쓰였으면 좋겠다는 생각이 들었다.

· 역주: 주로 장애를 가진 어린이 및 청소년을 대상으로 치료와 교육을 병행하는 행위를 말한다.

셋째 2세, 창업 4년 차(2015년 10월~2016년 9월)

창업 3년 차에 다시 자금을 모으게 된 나는 다음에는 무엇을 할까 고민하고 있었다. 그러다 2015년 12월에 유어와이파이가 유럽 은행계 투자펀드에서 400만 달러의 투자 제안을 받았다. 나는 투자를 받아야 할지 고민이 되었다. 셋째를 일본의 병원에도 통원시키고 싶다는 생각이 있었고, 또한 해외에서 여러 번 창업한 경험을 되살려 일본에서도 창업하고 싶다는 생각이 들었다.

투자를 받으면 싱가포르에서 영주를 각오해야만 한다. 그러던 중 유어와이파이를 함께 일으켰던 COO 동료가 출산 휴가에 들어간다는 사실을 알게 되었다. 그녀가 빠진다면 회사의 급성장을 지탱하기가 쉽지 않았다. 당시 일본에서는 블록체인이 부상하고 있었다. 2013년, 제1회 카오스 아시아 때 알게 된 미국인 친구에게 비트코인에 대한 이야기를 몇 번 듣고 흥미를 가지고 있던 상태였다.

다음 승부를 걸 사업은 세계를 석권할 만한 것이었으면 좋겠다는 생각이 들었다. AI 또는 블록체인. 스케일아웃scale-out*할 수 있는 아이템으로 창업을 하기로 결심했다. 셋째의 병원 문제도 있어서, 2016년 3월에 일본으로 귀국하기로 했다.

유어와이파이 사업은 홍콩에 있던 동료에게 부탁해 물려주었다. 이 때문

• 역주: 수평적인 확장을 통해 유연하게 처리 능력을 높이는 구조.

에 홍콩에서 싱가포르로 이주한 후루카와에게는 고맙다는 말밖엔 할 말이 없다(이후 유어와이파이는 창업 3년간 성장률 172%를 달성해 딜로이트사가 발표하는 'Technology Fast 500(급성장 기업 500)'에서 아시아 전체 292위, 싱가포르 국내에서는 3위에 랭크되었고, 2018년에 매각되었다).

2016년 6월까지의 세 달 동안, 나는 아시아에서 벌여놓았던 모든 사업을 정리하고 일본에서 주식회사 라스트루츠를 설립했다. 이때 내 나이 40세였다. 예전부터 나는 40세 이후 10년 동안 전 세계를 돌아다니며 승부를 걸겠다는 결의로 살아왔다. 앞으로의 10년을 위해, 일본에서 승부를 걸어보자는 투지가 넘쳐 올랐다. 6개의 회사를 설립했지만 일본에서는 첫 창업이었고, 지금까지의 경험을 살려 반드시 사회에 새로운 개혁을 일으키겠다는 마음이었다.

그런데 또다시 비극이 일어났다.

2016년 6월 22일, 나는 라스트루츠를 위해 일본으로 이주했고, 가족들은 일시적으로 귀국했다(가족들의 일본 귀국은 2017년 3월이었다). 회사 설립으로 나는 도쿄에, 가족들은 나라 현의 본가로 돌아갔다. 이날 새벽 2시에 다시 셋째가 의식 불명 상태에 빠졌다. 나라 현립 의과대학병원에 실려간 아이는 집중 치료실에 들어갔다. 열성 경련일까? 이번 증상은 지금까지와는 또 다른 것이었다. 그로부터 이틀간 아이는 의식 불명이었다.

한편 라스트루츠는 6월 14일에 보도자료를 배포하고 앞으로의 사업계획을 공표했다. 7월 20일에는 크라우드 펀딩을 통한 ICO^{Initial Coin Offering*}를 실시할 예정으로 움직이고 있었기 때문에, 나는 도쿄에 눌러앉아서 사업을 추진하느라 병원에도 가볼 수가 없었다. 그 기간 동안 장모님께서 병원에 머물며 어떻게든 아이의 간호를 도와주셨다.

라스트루츠 설립 초기에는 아마도 일본 최초의 암호화폐에 의한 자금조달이 될 ICO 준비에, 사업에, 셋째에, 제정신이 아닌 나날이 계속되었다. 잠을 잔 기억이 거의 없던 날들이었다.

아이가 입원한 지 2주가 지난 뒤에야 겨우 병원을 찾았고, 선생님에게 진단 결과를 들을 수 있었다.

아이의 병명은 '경련중적형(이상성) 급성뇌증(이상뇌증)'이었다. 70%의 확률로 신체장애, 지능장애가 남는다는 선고를 들었다. 나는 선생님에게 지금까지 2년 반의 시간 동안 있었던 일을 말해주며, 그 기간에도 같은 병이었는지 물었다. 선생님은 아니라고 했다.

지난 2년 반의 증상은 이상뇌증과는 다른 병이며 병명이나 원인은 알 수 없고, 이번에 발병한 이상뇌증은 새롭게 발병한 것이라 했다. 아이는 2년 반 동안 투병한 것도 모자라 여기서 또 새로운 병에 걸린 것인가. 나는 눈앞이 새하얘졌다. 2016년 7월 22일, 최종적으로 6억 엔(약 63억 원)의 자금을 조달하게 된 ICO를 실시한 다음 날(7월 21일)의 일이었다.

· 역주: 암호화폐 공개. 사업자가 신규 암호화폐를 발행하고 투자자들에게 자금을 받는 일련의 과정을 말한다.

'왜 이 아이에게는 이렇게도 연달아서 불행이 덮치는 걸까.'

나는 불행을 저주했다.

입원은 결국 5주 동안 이어졌다. 소아병동은 24시간 간병인이 필요해서 매일 보호자가 같이 밤을 보내야 했다. 아내와 함께 장모님이 많은 밤을 보내주셨다. 감사하다는 말씀조차 드릴 면목이 없다. 나는 오로지 사업에 얽매여 있을 뿐이었다. 그래서 더욱 실패는 용서할 수 없었다. 일본 최초의 ICO였던 덕분에 라스트루츠도 나도 근거 없는 악성 루머에 시달렸지만, 전혀 신경 쓰지 않았다.

선생님은 우리 부부에게 이런 이야기를 해주었다.

"두 분께서는 이미 충분히 병과 맞서 싸우셨습니다. 지금까지의 병이 무엇이었는지는 알 수 없습니다. 하지만 알지 못한다고 해서 괴로워하실 필요는 없습니다. 사실, 현대 의학에서도 병명을 알아내는 게 더 어렵습니다. 아직 병명을 알지 못하는 병이 세상에 있습니다. 그러나 이번에는 이상뇌증이라는 병입니다. 앞으로는 이 병과 사이좋게 지내야 합니다. 그렇게 마음을 바꿔 먹고 함께 맞서 봅시다."

셋째는 8월 중순이 되어서야 퇴원할 수 있었다. 이 병을 앓은 전후로 아이의 상태가 조금 바뀌었다. 입원 전에는 "안나 안나 안나(저거 저거 저거)"라는 말만 할 수 있었지만, 더 이상 그 말은 쓰지 않게 되었다. 짚고 일어서

기는 계속해서 어려움 없이 할 수 있었지만, 병을 앓아서 그렇게 느껴지는 건지 예전보다는 능숙하지 않은 듯한 인상을 받았다.

70%의 확률로 신체장애, 지능장애가 남는다. 이 아이는 평생 걷지 못할 수도 있다. 이 아이는 평생 말하지 못할 수도 있다.

그 와중에 나는 라스트루츠의 사업 추진에 힘을 쏟았고, 9월 21일에는 금융청과 〈니혼게이자이〉 신문이 주최하는 핀텍 서밋Fintech Summit에 출전했다. 전 세계에서 700개 기업이 응모한 스타트업 피칭 이벤트였다. 영어로 진행되는 프레젠테이션이었고, 나는 운 좋게 결승까지 진출하게 되었다.

라스트루츠는 IBM 블루 허브Blue Hub라는 명예로운 상을 수상했고, 이 소식은 다음 날 〈니혼게이자이〉 신문에 보도되었다. 하지만 또 라스트루츠나 나와는 전혀 관계없는 사기 사건과 연결 지으려는 악성 루머가 떠돌았다. 이는 인터넷상에서 크게 확산되어 IBM에도 사죄 방문을 하러 가기도 했다. "모난 돌이 정 맞는다"라는 속담처럼 일본의 편협함을 통감하는 사건이었다.

다음 날 밤, 아내가 동영상을 보내왔다. 셋째가 걷고 있는 모습이었다. 3세를 눈앞에 두고 드디어 한 걸음, 두 걸음, 세 걸음… 중심을 잃기도 했지만, 아이는 분명히 걷고 있었다.

도쿄의 좁은 방에서 밤에 동영상을 본 나는 혼자서 오열했다. 마흔이 넘어서도 이렇게 울 수 있었던 스스로에게 놀랄 정도였다.

불가능이란 없다. 0세 때 아이가 겪었던 다섯 번의 입원과 퇴원, 원인 불명의 증상, 100가지 항목이 넘는 검사, 그럼에도 알 수 없었던 아이의 병명. 이제 겨우 건강해진 줄 알았더니 이상뇌증이라는 새로운 병명을 얻었다. 70% 확률로 신체장애와 지능장애가 남는다는 말을 들었지만, 그로부터 2개월 뒤에 아이는 걸었다.

'불가능이란 없다. 미래가 어떻게 바뀔지 모른다.'

나는 강렬하게 그런 생각이 들었다.

셋째 3세, 창업 5년 차(2016년 10월~2017년 9월)

2016년 6월부터 2017년 2월까지 나는 월요일부터 금요일까지는 도쿄에, 주말에는 쿠알라룸푸르로 돌아가는 생활을 하고 있었다. 가족들의 일본 귀국일은 2017년 3월 초로 결정했다. 집을 알아볼 차례였다.

2016년 8월, 셋째가 퇴원하고 쿠알라룸푸르로 귀국하기 전, 나는 도쿄에 잠깐 머물렀다. 그동안 야마노테선 같은 전철에 유모차를 가지고 타는 것은 그다지 유쾌한 경험이 아니었다. 아이가 3~4세가 되다 보니 유모차는 일반적인 크기가 아닌 대형 버기buggy 타입이다. 그래서 공간을 꽤 차지한다. 도쿄의 전철은 혼잡해지면 유모차 쪽으로 몇 번이고 혀를 차는 소리가 들려온다. 하루 동안 외출을 나가면 적어도 열 번은 듣는다. 도쿄는 어린아이들을 키우는 부모들이 살기 어려운 동네였다. 도쿄에는 살 수 없겠다, 도쿄와 연결되면서도 좀 더 여유롭게 지낼 수 있는 장소가 없을까. 그래서 선택한 곳이 쓰쿠바였다.

쓰쿠바는 땅이 넓고 자연이 있고 길도 여유가 있었다. 그래서 결정하게 되었다. 병원에서 퇴원 후, 셋째는 쑥쑥 성장했다. 말을 할 수는 없지만, 걸음걸이 수는 서서히 많아졌다.

2017년 3월, 가족들은 6년 만에 일본으로 귀국했다. 그동안 나는 ICO에서 선언한 서비스 개발에 몰두하고 있었다. 자금은 모았으나 인재가 부족했다. 게다가 서비스 론칭 일자는 사전에 공개해서 ICO 이후 9개월 동안 블록체인, 월렛, 동영상 송신 플랫폼 애플리케이션, 암호화폐 거래소, 이 모든 것을 개발해서 공개해야만 했다. 다행히 수많은 동료들 덕분에 큰 어려움 없이 이것들을 이루어낼 수 있었다.

지금 생각해보면 기적과도 같은 9개월이었다. 지금 그 일을 9개월 만에 다시 하라고 한다면 할 수 있을지 자신이 없다. 그렇게 영혼을 불살라 가며 사업과 개발을 추진했다. 그때의 동료와 스태프, 지원해준 외부의 많은 분들에게는 감사할 따름이다. 그들의 도움이 없었다면 아무것도 해낼 수 없었을 것이다.

2017년 9월 말, 법률이 개정되어 라스트루츠는 암호화폐 교환업 등록 신청 접수까지 완료했다. 그때만 하더라도 훗날 암호화폐 교환업 등록이 엄청나게 멀고도 험난한 일이 될 줄은 아무도 예상조차 하지 못했다.

셋째 4세, 창업 6년 차(2017년 10월~2018년 9월)

아이는 서서히 건강해졌다. 달릴 수는 없었지만, 걷는 능력은 제법 발달했다. 밥을 잘 먹으니 키가 자랐고 몸무게도 늘었다. 열성 경련을 하는 일은 거의 없어졌다. 다만 똥오줌을 가리는 것은 어려워 여전히 기저귀를 찼다. 서서히 신체 능력이 올라간 덕분에 스스로 기저귀를 벗을 수는 있었지만, 혼자서 화장실에 가는 것은 아직 어려웠다. 종종 어느 틈엔가 아이가 기저귀를 벗어 버리고는 방 안에 오줌이나 똥을 누는 일도 잦아졌다. 아직 자신의 배설물이 불결한 것이라는 인식이 없기 때문이다. 매번 아이에게 화장실 사용법을 가르쳤지만, 스스로 기저귀를 벗는 것은 화장실에 가고 싶다는 신호였던 것 같다.

아이는 한밤중에도 잘 일어났다. 낮에 많이 잤을 때는 특히 더 그랬다. 어린 아기의 경우 일어나면 칭얼대므로 안아 올려서 다시 재우면 된다. 단지 밤잠을 설칠 뿐이다.

셋째의 경우는 어린 아기와 비슷하지만 스스로 걸을 수 있었다. 아이는 한밤중에 집 안을 걸어다녔다. 소리를 내어 걸어 다니면서 잡히는 대로 장난감을 손에 들고 집어 던지면서 논다. 그럴 때마다 나는 잠에서 깼다.

다음 날 아침에 일어나면 물건들이 어딘가로 이동해 보이질 않았다. 바닥에는 또 오줌을 여기저기 싸 놓았다. 그런 일이 일상적이었다. 아이가 자랄수록 유모차와 차일드 시트(어린이의 안전을 위한 보조 의자)도 특별한 것(버기, 카시트)이 필요해졌다. 또한 다리에는 의사 선생님의 지시에 따라, 걷다가 넘어지지 않도록 도와주는 보조 장치를 착용하게 되었다.

일본에서는 지방자치단체에 장애인 등록 신청을 하면 신체장애자 수첩과 지적장애를 위한 요육 수첩을 받게 된다. 요육 수첩에는 'A(중증) 1'이라고 쓰여 있다. 이 수첩을 가지고 다양한 복지 서비스를 받을 수 있다.

나는 아이가 평범하고 건강하게 자랐으면 한다. 아이는 많이 먹었고, 다양한 말을 할 수는 없지만 2~3개 발음은 할 줄 안다. 달리거나 점프를 할 수는 없지만, 걸을 수 있다. 아이가 언젠가는 보통 아이들처럼 되길 바랄 뿐이다.

요육 수첩을 발급받는 것은 매우 감사한 일이다. 나라의 제도에는 감사한 마음이지만, 한편으로는 그런 수첩을 받는 것이 어떤 의미에서는 확정 선고와 같은 것이므로 어딘가 복잡한 마음도 든다.

앞서 말한 버기는 이번에 의사 선생님의 진단을 받아 특별한 것을 사용하게 되었다. 이를 구입하는 데도 나라와 지자체에서 보조금이 나온다. 하지만 쓰쿠바대학 부속병원 선생님의 진단서를 첨부해서 신청했음에도 불구하고, 차에 태우는 카시트(특별 주문품)에 대해서는 인가를 받지 못했다. 진단 결과가 필요하다고 해서 진단서를 첨부했는데도 말이다. 인가를 받지 못했다는 통지가 도착하기까지 몇 달이 걸렸다. 그래서 나는 인가를 받을 수 없는 사유서를 달라고 쓰쿠바 시청과 이바라키 현청에 요구했지만, 정보 개시 청구가 필요하며 이를 위해서는 1개월 이내의 호적 등본이 필요하다는 답변이 돌아왔다. 왜 내 아이를 위해 신청한 기구의 인가 사유서를 보는 데 1개월 이내의 호적 등본이 필요한지 이해하기가 어려웠다.

결국 최종 확인 사유는 신체장애자를 위한 특수한 카시트이므로 신체장애의 관점에서 필요성이 인정되지 않는다는 내용이었다. 그사이에도 아이의 안전을 위해 제조사의 배려로 카시트를 빌려서 사용하고 있었다. 신체장애 수첩이 있고, 중증 1의 인정을 받고, 쓰쿠바대학 부속병원 전문의의 진단서가 있음에도 불구하고, 의사도 아닌 쓰쿠바 시 직원인 담당자의 육안에 의한 현장 판단으로 인정을 받을 수 없었다.

쓰쿠바 시는 글로벌화의 기본 방침으로 '세계가 모여들고 세계로 날갯짓하는 도시 창조'를 위한 캐치프레이즈를 내걸고 있지만, 복지 행정에서는 일본 내에서조차 뒤쳐져 있다고 할 수 있다. 아들을 위해서 쓰쿠바 시에 살기로 결심했는데, 일본의 미래를 지탱하는 어린이를 위해서 먼저 복지 행정의 개선이 이루어지길 바랄 뿐이다. 다른 면에서는 충실한 부분도 있겠지만, 아직 개선의 여지가 크지 않나 생각한다.

라스트루츠는 암호화폐 업계의 중심에서도 격동의 한가운데에 있었다. 2017년 후반부터 거품으로 인한 상승세가 시작되어, 2018년 1월 15일에는 비트코인을 시작으로 가치가 폭등했고, 이에 질세라 코반c0ban(라스트루츠가 만들고, 그 뒤 블록체인이 된 암호화폐)도 폭등해 일시적으로는 시가총액이 350억 엔(약 3,700억 원)을 넘을 정도로 올랐다. 코반이 탄생한 지 불과 13개월 뒤의 일이었다.

그러나 2018년 1월 26일에 일어난 코인체크Coincheck 주식회사의 암호화폐 넴NEM의 유출 사건 이후 사태는 급변했다. 규제가 강화되고 비트코인이나 코반을 비롯한 모든 암호화폐의 가치가 3분의 1에서 10분의 1까지 급락했으며, 라스트루츠도 4월에 업무 개선 명령을 받았다. 2018년에는 줄곧 개선 명령, 체제 정비, 경영 관리 태세 강화를 이어 나갔다. 이를 위한 투자도 수억 엔으로 불어났다.

앞서 말한 암호화폐 교환업 등록은 아직 심사가 진행 중이었다. 가까워질 듯하면 멀어지고, 멀어지면 열심히 이를 뒤쫓는 날들이 반복되었다.

그러다 2018년 9월에 또 다른 유출 사건이 발생했다. 라스트루츠는 착실하게 진화하면서 개선되었지만, 통제할 수 없는 외부 환경에 휘둘리는 날들이 이어졌다. 8월에 SBI 그룹으로부터 제3자 할당 증자로 경영 지원을 받은 직후 드디어 등록이 통과되었다. 조금만 더 빨랐더라면 하는 아쉬움이 남는 타이밍이었다.

그때부터 코반의 가치도 떨어졌고, 최고일 때와 비교하면 7분의 1로 하락했다. 10개월 동안 잃어버린 코반의 가치는 약 300억 엔이나 되었다(암호화폐 전체로는 100조 엔 정도다).

한편, 셋째는 3센티 정도지만 점프도 할 수 있게 되었고, 음악에 맞춰 형이나 누나 옆에서 춤도 출 수 있게 되었다.

셋째 5세, 창업 7년 차(2018년 10월~2019년 9월)

10월 1일, 셋째는 5세가 되었다. 아직 말을 하지는 못한다. 내가 하는 말도 뉘앙스나 짧은 말 정도만 이해할 수 있다. 걸을 줄은 알지만 달리지는 못한다. 가만히 있질 못하고 집단으로 활동하는 것도 서툴다.

10월 13일, 유치원에서 운동회가 열렸다. 셋째가 같은 또래 아이들과 함께 걷는 것을 본 것은 그때가 처음이었다. 아이는 운동장 오른쪽 구석의 게이트에서 입장했다.

우리 아이가 같은 또래 아이들과 함께 걸으면서 입장할 수 있을까? 입장한 뒤 운동장 중간에 줄 맞춰 서서 원장 선생님의 이야기를 들을 수 있을까? 보통 아이들에게는 그냥 걷는 것뿐일 수도 있다. 줄 맞춰 서고, 고작 차렷 자세를 하는 것뿐일 수도 있다. 하지만 내 아이에게는 이것도 큰 도전이었다.

나는 운동장 구석에서 숨을 죽이고 이를 지켜보고 있었다. 웬일인지 하염없이 눈물이 흘렀다. 내 아이가 같은 또래 아이들에 섞여서 걸어가는 모습을 보는 것만으로도 그저 눈물이 흘렀다.

그때까지 5년 동안 나는 몇 개의 회사를 설립했다. 운 좋게 성공한 것도, 실패한 것도 있었다. 또한 나는 집을 비우기 일쑤였다. 내가 내키는 대로 창업해 일할 수 있었던 것도 아내가 집에서 아이 셋을 키워준 덕분이었다. 아이 하나를 키운다는 일은 회사 하나를 키우는 것보다도 배는 어렵다고 생각했다. 아내는 3명의 아이, 즉 6개 회사를 키우는 것에 분투하고 있었다. 그 덕분에 지금까지 일할 수 있었다. 일할 수 있는 시간이 있다는 것은 행복한 일이다. 그 시간을 가졌다는 것에 감사할 따름이다. 이런 가족들과 만나게 된 건 행운이라는 생각밖에 들지 않는다.

2018년 가을부터 연말에 걸쳐 암호화폐 시장의 열기는 더욱 식어갔다. 라스트루츠가 암호화폐 교환업 등록을 감안해 인원 확충에 힘을 쏟은 뒤의 일이다. 한창일 때는 직원 수가 60명이 넘었다. 창업한 지 불과 2년 하고도 몇 달이 지났을 때였다. 암호화폐의 가치는 최고가 때와 비교했을 때 10분의 1까지 떨어졌고, 거래량도 축소되었다. 신규 회원도 늘어나지 않았다. 회사는 자금 위기를 맞고 있었다. 이대로는 도산하고 말 것이라는 위기감에 자본을 확충하기 위해 파트너를 찾기 시작했다. 2019년 1월, 일본 최대 규모의 Q&A 사이트를 운영하는 오케이웨이브OKWAVE사를 파트너로 결정했다. 같은 해 4월, 라스트루츠는 오케이웨이브의 연결 자회사가 되었다.

암호화폐 교환업은 가장 새로운 형태의 금융 서비스다. 창업한 2016년에는 아직 그 제도가 정비되지 않아, 기술의 발전이 먼저 진행되고 금융기관으로 제도 설계가 뒤따라가는 상태였다. 그동안 두 번의 유출 사건이 일어났고, 결과적으로 암호화폐 교환업은 은행과 증권회사 2가지를 동시에 설립할 정도로 높은 규제가 적용되었다.

라스트루츠의 암호화폐 교환업 등록이 가시적인 상태가 될 무렵, 나는 대표이사를 퇴임할 결심을 하고 있었다. 이 회사는 금융기관으로서 제대로 기능할 필요가 있었다. 기술 계통이었던 내가 맡을 수 있는 역할이 아니라고 생각했다.

현재 라스트루츠는 오케이웨이브의 자회사로서 제2막을 시작해 암호화폐 교환업 서비스를 펼쳐 가고 있다.

7년 동안, 싱가포르에서의 창업을 시작으로 아시아에서 다섯 회사, 일본에서 두 회사를 설립했다. 실패한 회사도 있었다. 운 좋게 매각한 회사도 있었다. 일본에서 설립한 라스트루츠는 최종적으로 10억 엔 이상의 자금을 조달하는 데 성공했지만, 금융기관으로서 자력으로 움직이기 위해 상장기업의 연결 자회사의 길을 선택했다. 그사이 셋째에게 몇 번이나 용기를 얻었다. 장애아인 셋째와 함께 리더로서, 창업가로서 배운 것이 3가지 있다. 이어지는 페이지부터는 이를 전하면서 후기로 대신하고자 한다.

28 미래는 아무도 모른다. 매 순간을 필사적으로 살아가자

실패를 두려워해서 걸음을 멈출 필요는 없다.
앞으로 치고 나아갈 때, 반드시 길은 열린다.
리더에게는 우두커니 서 있을 시간은 없다.

더 이상 버티지 못할 것 같은 위기에도 끝은 있다

당신의 미래도, 회사의 내일도, 아이들의 장래도, 어떻게 될지 알 수 없다. 좋은 일도, 그렇지 않은 일이 일어나기도 한다. 그래서 지금밖에 없다. 지금을 살아가는 방법밖에 없다. 현재를 전력을 다해 살아간다면 미래에 길은 반드시 열린다.

어떤 일이란 마치 파도와 같다. 밀려왔다가 이내 멀어진다. 최악의 사태에도 반드시 끝은 온다. 마찬가지로 순조로운 순간도 이윽고 끝이 온다. 좋고 나쁨에 일희일비할 필요 없다. 단지 지금 이 순간을 전력으로 살아가면 된다. 살아남기만 한다면 미래는 바뀔 것이다.

리더로서 사업을 추진하고 있을 때, 이 책에서 말한 것처럼 문제는 잇달아 일어난다. 당신이 무능하기 때문이 아니다. 문제는 항상 일어난다. 중요한 인재가 그만두거나, 대기업이 경쟁 서비스를 내놓거나, 상상할 수 없었던 문제가 매달 일어날 것이다. 하지만 그런 문제들에도 끝은 있다. 더 이상 버티지 못할 것 같은 위기에도 그 끝이 있다. 문제에 시작이 있었던 것과 마찬가지다.

리더로서 프로젝트를 추진할 때, 회사를 경영할 때, 미래에 어떤 일이 일어날지는 알 수 없다. 그러나 지금 겁먹고 걸음을 멈출 필요는 없다. 어떤 일이 일어나더라도 끝은 있고, 어떤 상황이 닥치더라도 새로운 시작이 있다.

그러므로 지금 전력을 다하라. 전력을 다해 살아가라. 앞으로 치고 나아간다면 반드시 새로운 길이 열릴 것이다. 리더에게 우두커니 서 있을 시간은 없다.

29 불가능은 없다. 지금 불가능한 일도 어느 날 갑자기 가능해질 때가 있다

'안 될 거야', '어려울 거야'라는 생각을 버려라. 생각한 것은 현실이 된다.
할 수 있다고 생각해야 비로소 실현 가능성이 생긴다.

불가능이라는 말은 미래의 가능성조차 닫아버린다

"불가능이란 없다."

이 말은 다소 과장된 말일 수도 있다. 하지만 '이건 할 수 없어', '저건 어려울 거야'와 같은 사고방식은 버려야 한다. 이는 스스로 미래의 가능성을 닫아버리는 행위다.

앞에서 소개한 것처럼, 태어났을 때부터 몸이 약했던 셋째 아이는 새로운 뇌의 병을 얻고도 불과 두 달 뒤에 기적처럼 걸을 수 있게 되었다. 병에 걸리는 것도, 걸을 수 있게 되는 것도 누구도 예측할 수 없었다.

나는 싱가포르에 살다가 일본으로 귀국한 뒤, 새로운 분야에서 새 회사를 시작했다. 인터넷의 뒤를 잇는 혁명이라고 불리던 블록체인 기술 그리고 이를 응용한 것이 암호화폐다. 전 세계의 사람들이 그 기술의 정체조차 알지 못하던 때에 암호화폐 거품이 일어났다. 그러나 이는 유출 사건과 함께 단숨에 식어 버렸다.

내가 일으킨 사업도 뛰어든 지 불과 일 년 뒤에 100억 엔이 넘는 가치로 확대되었다. 불가능한 일은 없다는 기분이었다. 하지만 그 후, 순식간에 그 가치가 10분의 1까지 축소되면서 진정 '미래는 알 수 없다'는 것을 느낄 수 있었다.

리더로서 프로젝트를 추진하거나 회사를 경영할 때, 이 사업은 더 이상 확장이 어렵다고 생각해서는 안 된다. 당신이 생각한 일은 현실이 된다. 사업 확장으로 회사가 성장할 수 있다고 강하게 생각하자. 예를 들어, 3년 만에 사업을 열 배로 확장하는 것이 가능하다고 생각하는 것이다. 불가능하다고 생각하는 것은 실현되지 않는다. 가능하다고 생각하기에 비로소 최종적으로 그것이 실현될 가능성이 남는 것이다.

당신이 이끄는 팀의 역량이 부족할 때도 있을 것이다. 하지만 이 때문에 불가능하다고 생각하는 것은 위험하다. 단지 지금, 역부족할 뿐이다. 그래서 당장 실현하지 못하는 것이다. 미래는 알 수 없지만, 다음 달에는 가능할 수도 있다. 그런 일이 실제로 일어나기도 한다. 불가능이라고 생각하는 순간, 모든 것이 멈춰버린다.

리더는 불가능하다는 사고를 함으로써 미래의 가능성을 덮어버려서는 안 된다. 불가능이란 없다. 불가능해보였던 일이 다음 달에 갑자기 가능해질 수도 있다. 눈곱만큼의 가능성을 믿고, 오로지 앞만 보고 나아가라.

30 사소하지만 당연한 것들이 고마울 따름이다

도전하고 싶은 일이 있다. 도전할 수 있는 시간이 있다.
함께 달려줄 동료가 있다. 이런 것들이 그저 고마울 따름이다.

도전하고 싶은 일에 도전할 수 있다는 것에 감사하다

걷는다는 것, 달린다는 것, 배운다는 것, 웃는다는 것, 먹는다는 것, 건강하다는 것, 이 모든 것에 감사하다. 당연한 것이 당연하다는 것. 그것이 그저 감사할 따름이다.

동료가 있다는 것, 친구가 있다는 것, 직원이 있다는 것, 일을 해준다는 것, 열심히 해준다는 것, 이 모든 것에 감사하다. 당연한 것을 당연하게 해주는 것. 그것이 그저 감사할 따름이다.

미래에는 어떤 일이 일어날지 알 수 없다. 그리고 불가능도 없다. 꿈을 향해서 살아가는 것, 그런 당연한 일에 도전할 수 있다는 것에 감사하다.

사회인이 되고 나서 17년이 흘렀다. 나는 지금까지 두 곳의 회사에서 일했고, 내 손으로 설립한 회사가 7개나 된다. 리더로서 여전히 미숙하지만, 그럼에도 미래를 향해서 달리고 있다. 그런 나를 믿고 따라와주었던 수많은 동료와 사원들이 있다. 항상 그들로부터 진정한 리더의 역할은 무엇인지에 대해 배울 수 있었다.

내 손으로 일으킨 사업으로 보다 좋은 사회를 만들고 사회 개혁을 실현한다. 내면에서 솟구쳐오르는 열정으로 리더인 내가 앞으로 돌진한다. 그것이 새로운 기술이나 분야일 경우, 보기에 따라서는 미심쩍어 보일 때도 있을 것이다. 이해할 수 없는 것뿐이기 때문이다. 사람은 이해할 수 없는 것을 두려워하는 법이다. 하지만 그런 것에 신경 쓸 필요는 없다. 리더가 목표로 삼아야 할 것은 사업을 추진하는 것이며 사회를 바꾸는 것이다. 아직 아무도 상상할 수 없는, 보다 좋고, 안전하고, 즐거운 사회를 창조하는 것이다.

이 책의 독자인 당신과 내가 매일 추진하고 있는 사업이나 회사에서 맡은 일을 통해 세상이 1밀리미터라도 앞으로 나아간다면 여기에 큰 의의가 있다. 나는 2019년 4월에 예전 회사의 사장직을 퇴임한 직후, 블록체인 스타트업인 주식회사 뱃지를 세웠다. 일곱 번째로 창업한 회사였다. 블록체인은 혁명이라고 불린다. 서점에만 가봐도 블록체인에 관한 책들이 넘쳐난다. 그렇다면 나에겐 그 한가운데로 뛰어들지 않을 이유가 없다.

지금으로부터 25년 전인 1995년에도 인터넷 혁명이 있었다. 당시 대학생이었던 나는 느긋하게 배낭을 매고 세계를 여행하는 데 여념이 없었다. 마이크로소프트사의 윈도95가 출시된 것도, 인터넷 포털 사이트 야후가 등장한 것도, 휴대전화가 보급되기 시작한 것도, 단지 '편리해졌구만' 하고 느끼는 정도일 뿐 이 사회의 개혁을 느끼기는 어려웠다. 혁명이 다가왔지만, 그 한가운데로 뛰어드는 당연한 일을 나는 하지 않았다.

그로부터 25년 동안, 실로 세상은 어마어마하게 변화했다. 불과 10개 정도의 기업들이 세상을 바꿨다. 나는 그 혁명의 한가운데에서 25년간 살아왔음에도 불구하고 중심에 있지 못했다. 그래서 분하고 또 분할 따름이다.

나는 앞의 회사를 일종의 엑시트(매각)를 하고 사장직을 퇴임한 상태였다. 그런데도 왜 곧바로 새롭게 블록체인 혁명을 내건 회사를 세우게 되었는가. 왜 조급하게 움직이는 것인가. 그 이유는 세상이 뒤바뀔 것 같은 거대한 꿈틀거림이 땅을 울리며 나를 덮쳐오기 때문이다. 여기에는 사회를 개혁할 수 있는 확실한 무언가가 있다. 그래서 나는 다시 움직이는 것이다. 하고 싶은 일이 있으니 그것을 하려는 것은 당연한 일이다.

도전하고 싶은 일이 있고, 이를 위해 새롭게 회사를 세운다. 그곳에 동료들이 모여든다. 창업 초기부터 함께 달려줄 동료들이 있다. 이 모든 것에 나는 감사한다. 회사를 크게 확장하고 사회를 개혁하려고 움직이면 움직일수록 나날이 문제에 부닥치게 될 것이다. 문제는 당연하게도 연달아서 일어나게 될 것이다. 나는 동료들과 일심동체가 되어 이를 극복할 것이다. 자신들의 힘으로, 세상을 한 걸음이라도 좋으니 앞으로 밀어 나갈 수만 있다면 그 도전에 의의가 있다. 도전하고 싶은 것에 도전할 시간이 있다는 것, 그것이 당연히 눈앞에 있다는 것에 감사한다.

내일부터 나는 또 리더로서 도전을 계속할 것이다. 당연한 일을 할 수 있다는 것이 그저 고마울 따름이다.

참고문헌

- 우메다 모치오, 켄 모기 지음, 《フューチャリスト宣言(퓨처리스트 선언)》, 筑摩書房, 2007.

- 우메다 모치오 지음, 《ウェブ時代をゆく(웹의 시대를 간다)》, 2007.

- 우메다 모치오, 히라노 게이치로 지음, 이정환 옮김, 《웹 인간론》, 넥서스BIZ, 2007.

- 데일 카네기 지음, 이경남 옮김, 《사람을 움직이는 기술》, 문장, 2017.

- 켄 모기 지음, 손성애 옮김, 《뇌와 가상》, 양문출판사, 2007.

- 앨빈 토플러, 하이디 토플러 지음, 김중웅 옮김, 《앨빈 토플러 부의 미래》, 청림출판, 2006.

- 돈 탭스콧, 앤서니 윌리엄스 지음, 윤미나 옮김, 《위키노믹스》, 21세기 북스, 2009.

- 제임스 서로위키 지음, 홍대운, 이창근 옮김, 《대중의 지혜》, 랜덤하우스코리아, 2005.

- 도모노 노리오 지음, 이명희 옮김, 이진용 감수, 《행동 경제학》, 지형, 2007.

- 켄 모기 지음, 이경덕 옮김, 《욕망의 연금술사, 뇌》, 사계절, 2009.

- 도야마 가즈히코 지음, 《会社は頭から腐るーあなたの会社のよりよい未来のために〈再生の修羅場からの提言〉(회사는 머리부터 썩어 들어간다 – 당신 회사의 보다 밝은 미래를 위하여 〈재생의 아수라장에서 보내는 제언〉)》, ダイヤモンド社, 2007.

- 도야마 가즈히코 지음, 《指一本の執念が勝負を決める(손가락 한 마디의 집념으로 승부를 결정짓는다)》, ファーストプレス, 2007.

- 도야마 가즈히코, 마쓰모토 오키 지음, 《この国を作り変えよう 日本を再生させ

る10の提言(이 나라를 다시 만들자 일본을 부활시키는 10의 제언)》, 講談社, 2008.

• 〈社長、日く。(사장님 말씀하시길)》, 編纂委員会, 《社長、日く》, 幻冬舎メディア
コンサルティング, 2009.

• 윌리엄 더건, "Strategic Intuition", Columbia Business School, 2007.

• 피터 센게 지음, 강혜정 옮김, 《학습하는 조직》, 에이지21, 2014.

• 토머스 L. 프리드먼 지음, 최정임, 이윤섭 옮김, 《세계는 평평하다》(개정증보판), 창해,
2006.

• 《もうひとつのノーベル平和賞―平和を紡ぐ1000人の女性たち(또 하나의 노벨
평화상 – 평화를 짓는 1000명의 여성들)》, 金曜日, 2008.

• 사이토 다카시 지음, 《代表的日本人(대표적 일본인)》, 筑摩書房, 2008.

• 사이토 다카시, 우메다 모치오 지음, 《私塾のすすめ―ここから創造が生まれる
(사숙을 추천한다 – 창조가 탄생하는 곳)》, 筑摩書房, 2008.

• 고노 요시노리, 켄 모기 지음, 《響きあう脳と身体(공명하는 뇌와 신체)》, バジリコ,
2008.

• 니시우라 유지 지음, 《経営の構想力(경영의 구상력)》, 東洋経済新報社, 2004.

• 고지마 마코토 지음, 《インドのソフトウェア産業―高収益復活をもたらす戦略
的ITパートナー(인도의 소프트웨어 산업 – 고수익 부활을 가져오는 전략적 IT 파트너)》,
東洋経済新報社, 2004.

• 이언 에어즈 지음, 안진환 옮김, 《슈퍼크런처》, 북하우스, 2009.

• 존 코터 지음, 한정곤 옮김, 《기업이 원하는 변화의 리더》, 김영사, 2007.

• 존 코터 지음, 유영만 옮김, 《빙산이 녹고 있다고?》, 김영사, 2006.

• 마크 펜, 키니 잴리슨 지음, 안진환, 왕수민 옮김, 《마이크로트렌드》, 해냄, 2008.

• 켄 모기 지음, 《思考の補助線(사고의 보조선)》, 筑摩書房, 2008.

• 야마기시 도시오 지음, 《社会的ジレンマのしくみ―"自分1人ぐらいの心理"の招くもの(사회적 딜레마의 구조 – "나 하나쯤이야 심리")》, サイエンス社, 1990.

• 하시모토 준이치로 지음, 《時間はどこで生まれるのか(시간은 어디에서 탄생하는가)》, 集英社, 2006.

• 사이토 다카시 지음, 《日本を教育した人々(일본을 가르친 사람들)》, 筑摩書房, 2007.

• 후쿠오카 신이치 지음, 김소연 옮김, 《생물과 무생물 사이》, 은행나무, 2008.

• 이바르 에클랑 지음, 난조 이쿠코 옮김, 《偶然とは何か(우연이란 무엇인가)》, 創元社, 2006.

• 이마무라 히데아키 지음, 《法人営業 '力' を鍛える(법인영업'력' 단련)》, 東洋経済新報社, 2005.

• 노다 미노루 지음, 《組織論再入門―戦略実現に向けた人と組織のデザイン(조직론 재입문 – 전략실현을 위한 사람과 조직 디자인)》, ダイヤモンド社, 2005.

• 고바야시 세이칸 지음, 《宇宙を味方にする方程式(우주를 내 편으로 만드는 방정식)》, 致知出版社, 2006.

• 다니엘 핑크 지음, 김명철 옮김, 《새로운 미래가 온다》, 한국경제신문사, 2012.

• 후지와라 마사히코 지음, 《国家の品格(국가의 품격)》, 新潮社, 2005.

• 일본방송협회, 〈NHKスペシャル―人事も経理も中国へ(NHK스페셜 – 인사도 경리도 중국으로)〉, 2007. 9. 3.

• 일본방송협회, 〈NHKスペシャル―インドの衝撃 第1回 わき上がる頭脳パワー(NHK스페셜 – 인도의 충격 제1회 넘쳐나는 두뇌 파워)〉, 2007. 1. 28.

- 일본방송협회, 〈沸騰都市 第7回 シンガポール 世界の頭脳を呼び寄せろ(비등도시 제7회 싱가폴 세계의 두뇌를 불러 모아라)〉, 2009. 2. 15.

- 론 하워드 감독, 톰 행크스 주연 외, 〈아폴로 13〉, 1995.

- 마이크 니콜스 감독, 시고니 위버, 해리슨 포드 주연 외, 〈워킹 걸〉, 1989.

- "Columbia Accident Investigation Board Report", Volume 1. August 2003. p.128, http://caib.nasa.gov/news/report/pdf/vol1/chapters/chapter6.pdf

- http://www.washingtonpost.com/wp-srv/nation/specials/attacked/transcripts/giulianitext_100101.html

- 아오키 준, "建築って、おもしろそう(건축은 재미있을 거야)"(https://www.1101.com/architecture)

- 요시카와 에이지 지음, 《新書太閤記(신서 태합기)》(全巻), 講談社, 2012.

- 시바 료타로 지음, 박재희 옮김, 《료마가 간다》, 동서문화사, 2011.

- 피터 고프리스미스 지음, 김수빈 옮김, 《아더 마인즈》, 이김, 2019.

- 《夢をつかむイチロー262のメッセージ(꿈을 좇는 이치로 - 262가지 메시지)》, 《イチロー262のメッセージ》, 編集委員会, ぴあ, 2005.

- 이노우에 아쓰오 지음, 하연수 옮김, 《일본의 제일부자 손정의》, 김영사, 2006.

- 나가부치 츠요시, 〈Captain of the ship〉, 東芝EMI, 1993.

옮긴이

박찬(Chan Park)

넥슨 일본 법인 사업본부 본부장

부산 동래구 출생. 부산외국어고등학교 일어과를 졸업하고, 동아대학교 일어일문학과를 졸업했다. 동 대학원 재학 중 와세다대학교 대학원 문학연구과 석사 교환 과정을 수료했다. 2005년, 엔씨소프트의 일본지사 NC Japan에 입사해 게임과 인터넷 서비스에 대한 경험을 쌓았다. 2011년에는 모바일 게임사 그리(GREE)로 이직해 저자와 함께 해외 사업 개발 부서에서 근무했다. 네이버의 일본 자회사인 라인(LINE)에 합류해 초창기 주요 게임 서비스를 다수 담당하며 플랫폼 수익화에 기여했다. 이후 수년간 게임빌(GAMEVIL) 일본 지사장 등을 역임한 뒤, 2020년 5월부터 넥슨(NEXON) 일본 법인에서 재직 중이다.

인터넷을 통한 게임 콘텐츠 서비스를 천직이라 생각하고, 고객들이 즐거워하는 모습에서 삶의 보람을 느끼며 살고 있다.

이메일 parkchan.kr@gmail.com